COUP *de* POUCE

30 minutes

⏱ 100 RECETTES POUR REPAS PRESSÉS ⏱

Les Éditions Transcontinental
TC Media Livres inc.
5800, rue Saint-Denis, bureau 900
Montréal (Québec) H2S 3L5
Téléphone : 514 273-1066 ou 1 800 565-5531

tcmedialivres.com

Catalogage avant publication
de Bibliothèque et Archives nationales du Québec
et Bibliothèque et Archives Canada

30 minutes (Éditions Transcontinental)
30 minutes : 100 recettes pour repas pressés
Comprend un index.

ISBN 978-2-89743-055-9

1. Cuisine rapide. 2. Livres de cuisine. I. Titre.
II. Titre : Trente minutes. III. Collection : Collection
Coup de pouce.

TX833.5.T73 2015   641.5'55   C2014-942381-0

Photographie de la couverture avant

Jodi Pudge
Stylisme culinaire : Claire Stubbs
Stylisme accessoires : Mandy Gyulay

Photographies de la couverture arrière

Jeff Coulson

Imprimé au Canada
© Les Éditions Transcontinental, une marque
de commerce de TC Media Livres inc., 2014 pour
la version française publiée en Amérique du Nord.
Dépôt légal – Bibliothèque et Archives nationales
du Québec, 1er trimestre 2015
Bibliothèque et Archives Canada

Équipe de *Coup de pouce*

Directrice éditoriale et rédactrice en chef :
Geneviève Rossier

Rédactrice en chef adjointe : Claudine St-Germain

Responsable cuisine : Catherine Clermont

Rédactrice-recherchiste cuisine : Isabelle Sévigny

Équipe de production

Éditrice : Isabel Tardif

Conception graphique et illustrations : Colin Elliott,
Marie-Josée Forest (couverture)

Sélection du contenu : Catherine Clermont,
Isabelle Sévigny, Isabel Tardif

Traduction : France Giguère, Louise Faucher

Révision linguistique et adaptation : Louise Faucher

Correction d'épreuves : Edith Sans Cartier

Mise en pages : Khögit design graphique,
Diane Marquette

Impression : Transcontinental Interglobe

Les Éditions Transcontinental remercient le
gouvernement du Québec – Programme de crédit
d'impôt pour l'édition de livres – Gestion SODEC.

Nous reconnaissons l'aide financière
du gouvernement du Canada par l'entremise
du Fonds du livre du Canada pour nos activités
d'édition.

Nous remercions également la SODEC de son
appui financier (programmes Aide à l'Édition
et Aide à la promotion).

COUP de POUCE

30 minutes

⏱ 100 RECETTES POUR REPAS PRESSÉS ⏱

Les Éditions
Transcontinental

Oui, c'est possible !

BIEN MANGER QUAND ON MANQUE DE TEMPS vous semble un rêve inaccessible ? Rangez les bons de réduction pour les repas surgelés et les menus de livraison : ce livre est LA solution !

Bon, vous allez devoir faire un petit bout de chemin. Parcourir ce livre. Faire la liste des recettes qui vous plaisent. Prévoir votre menu de la semaine. Faire les courses. Prendre de l'avance pendant le week-end. Ensuite, c'est promis, vous vous sentirez d'attaque dès le lundi. Et vous garderez le contrôle jusqu'au jeudi. Le vendredi, vous pouvez prendre un congé bien mérité !

Coup de pouce a fait sa renommée en publiant nombre de recettes faciles et rapides au fil des ans. Nous avons guidé des générations de gens pressés. La préoccupation de bien se nourrir au quotidien a toujours été présente, et elle est plus importante que jamais. Voilà pourquoi nous vous proposons 100 nouvelles idées-repas, absolument savoureuses et vraiment express (moins de 15 minutes pour certaines, en gardant en tête que les ingrédients doivent être parés avant qu'on parte le chrono). Des plats remplis d'ingrédients frais, d'aliments variés et de mariages de saveurs tout simples mais exquis (il fallait juste y penser, et ça, on l'a fait pour vous), qui vous inspireront au quotidien.

De quoi déjouer les petits difficiles et plaire aux gourmets, sans passer des heures aux fourneaux.

Vous pourrez enfin dire : mission accomplie !

Catherine

Catherine Clermont
Responsable cuisine

**SAUTÉ DE BŒUF
AU BROCOLI
SUR RIZ BRUN**
page 105

SOUPE AUX TOMATES
À LA MEXICAINE
page 127

Nos pictogrammes :

S santé   V végétarien

Table
DES MATIÈRES

NOS MEILLEURS CONSEILS
pour passer moins de temps dans la cuisine

Accélérer la préparation des repas les soirs de semaine, c'est le but ultime au retour du boulot ! Voici nos 7 trucs les plus efficaces pour gagner de précieuses minutes tout en mangeant bien.

1. **Prendre de l'avance la fin de semaine.** On peut couper des légumes, laver et essorer la laitue, râper du fromage, préparer une sauce, mélanger des épices ou encore faire mariner notre viande et la congeler dans la marinade.

2. **Doubler nos recettes coups de cœur.** On aura ainsi des restes pour les lunchs ou un repas à congeler pour un soir pressé. Le week-end ou en soirée (hors des heures de pointe !), on peut aussi préparer de la soupe ou un braisé en grandes quantités et les congeler en portions individuelles.

3. **Dresser la liste de nos menus du lundi au jeudi.** Seule façon de ne plus se poser de questions au retour à la maison ! On sait ce qu'on va cuisiner et on a tous les ingrédients en main. Un conseil : on garde les menus des semaines précédentes pour s'inspirer et se souvenir des plats qui ont plu à toute la famille.

4. **Réduire le temps de cuisson.** Pour y arriver, on privilégie des coupes désossées qui prennent moins de temps à cuire : médaillons de filet de porc, escalopes de poulet, de dindon, de porc ou de veau, lanières de bœuf ou biftecks minute, côtelettes de porc ou d'agneau à cuisson rapide, et, bien sûr, toutes les viandes hachées. Autres bons choix express : crevettes, pétoncles et filets de poisson.

5. **Préchauffer le four dès notre arrivée.** Il chauffera pendant qu'on organise le souper. Aussi, on sort tout le matériel et les ingrédients nécessaires avant de cuisiner.

6. **Lire la recette en entier.** Cela peut sembler évident, mais il reste que le meilleur moyen d'être organisé et d'avoir du plaisir à cuisiner est de parcourir toutes les étapes de la recette avant de se lancer.

7. **Laver la vaisselle au fur et à mesure.** Conseil important pour les cuistots qui salissent trop de vaisselle ! On remplit le lavabo d'eau chaude savonneuse pour tout laver rapidement pendant la préparation. Après le repas, la corvée du nettoyage ne prendra que quelques minutes !

SANDWICHS ROULÉS
AU JAMBON ET À
LA SALADE DU CHEF
page 58

**Paninis au poulet
et au pesto de
tomates séchées**
page 22

15 minutes
OU MOINS

RAVIOLIS AUX POIREAUX
et aux noisettes

4 PORTIONS

INGRÉDIENTS

3	gros poireaux, les parties blanche et vert pâle seulement	3
1 c. à tab	beurre	15 ml
2 c. à thé	huile d'olive	10 ml
3	gousses d'ail hachées finement	3
1	pincée de sel	1
1	pincée de poivre noir du moulin	1
16 oz	raviolis au fromage frais ou surgelés	500 g
½ t	fromage de chèvre crémeux, émietté	125 ml
⅓ t	noisettes grillées, hachées	80 ml
1 c. à tab	ciboulette fraîche, hachée	15 ml

PRÉPARATION

1. Couper les poireaux en deux sur la longueur, puis en tranches (vous devriez en obtenir environ 4 t/1 L en tout). Dans une casserole, chauffer le beurre et l'huile à feu moyen-vif. Ajouter les poireaux, l'ail, le sel et le poivre et cuire, en brassant de temps à autre, pendant environ 8 minutes ou jusqu'à ce que les poireaux soient tendres et commencent à dorer.

2. Entre-temps, dans une casserole d'eau bouillante salée, cuire les raviolis jusqu'à ce qu'ils soient al dente. Les égoutter en réservant ½ t (125 ml) de l'eau de cuisson. Ajouter les raviolis à la préparation de poireaux et mélanger délicatement en ajoutant suffisamment de l'eau de cuisson réservée pour bien enrober les pâtes. Parsemer du fromage de chèvre, des noisettes et de la ciboulette.

PAR PORTION : cal.: 559 ; prot.: 20 g ; m.g.: 28 g (9 g sat.) ; chol.: 62 mg ; gluc.: 60 g ; fibres : 6 g ; sodium : 795 mg.

ASTUCE

Comme les poireaux sont souvent terreux, il faut s'assurer de bien les nettoyer. Un truc facile : les couper en tranches, puis les agiter dans un bol d'eau froide en les frottant pour enlever la terre. Laisser la terre se déposer dans le fond du bol pendant la préparation des autres ingrédients de la recette. Au moment d'utiliser les poireaux, les retirer du bol en les soulevant et les laisser égoutter dans une passoire (agiter le moins possible l'eau pour éviter que la terre se loge de nouveau dans les poireaux). Bien les éponger à l'aide d'essuie-tout.

BUCATINIS AU PESTO MAISON

6 à 8 PORTIONS

INGRÉDIENTS

16 oz	bucatinis ou autres pâtes longues	500 g
¾ t	pignons	180 ml
1 t	feuilles de basilic frais, déchiquetées et tassées	250 ml
½ t	persil frais, haché grossièrement	125 ml
⅓ t	fromage romano râpé	80 ml
¼ t	huile d'olive	60 ml
1 c. à tab	zeste de citron râpé	15 ml
3 c. à tab	jus de citron	45 ml
¼ c. à thé	sel	1 ml
½ c. à thé	poivre noir du moulin	2 ml

PRÉPARATION

1. Dans une grande casserole d'eau bouillante salée, cuire les pâtes jusqu'à ce qu'elles soient al dente. Les égoutter en réservant ½ t (125 ml) de l'eau de cuisson et les remettre dans la casserole.

2. Entre-temps, dans un mortier, à l'aide d'un pilon (ou au robot culinaire), broyer grossièrement les pignons (en laisser quelques-uns entiers). Les mettre dans un grand bol, ajouter le basilic, le persil, le fromage, l'huile, le zeste et le jus de citron, le sel et le poivre et mélanger. Verser cette préparation sur les pâtes et mélanger en ajoutant suffisamment de l'eau de cuisson réservée pour bien les enrober. Servir aussitôt.

PAR PORTION : cal. : 376 ; prot. : 11 g ; m.g. : 18 g (2 g sat.) ; chol. : 4 mg ; gluc. : 45 g ; fibres : 4 g ; sodium : 297 mg.

ASTUCE

Éviter d'acheter le fromage romano (ou pecorino romano) déjà râpé : il revient plus cher au poids et peut contenir des additifs indésirables. Le fromage vendu en bloc ou en pointe est bien meilleur et plus polyvalent. Il fait de beaux copeaux à parsemer sur les salades ou les pâtes et peut aussi être servi sur le plateau de fromages. On le conserve au frigo enveloppé d'une pellicule de plastique bien serrée pour empêcher tout contact avec l'air.

PIZZA AU POULET ET AU PIMENT CHIPOTLE

Les piments chipotles sont tout simplement des jalapeños fumés, qu'on peut se procurer séchés en vrac ou en sachets, ou en boîte dans une sauce adobo.

4 PORTIONS

INGRÉDIENTS

1 t	sauce à pizza	250 ml
1	piment chipotle en sauce adobo	1
4	pains pitas de blé entier	4
1 t	poulet cuit, déchiqueté	250 ml
1 t	fromage Monterey Jack râpé	250 ml
½	poivron rouge coupé en tranches fines	½
2	oignons verts hachés	2

PRÉPARATION

1. Au robot culinaire, réduire la sauce à pizza et le piment chipotle en purée lisse. Mettre les pains pitas sur une plaque de cuisson et étendre la sauce au chipotle sur les pains. Garnir du poulet, du fromage, du poivron et des oignons verts. Cuire au four préchauffé à 450°F (230°C) de 8 à 10 minutes ou jusqu'à ce que le fromage soit doré.

PAR PORTION : cal. : 357 ; prot. : 22 g ; m.g. : 13 g (7 g sat.) ; chol. : 50 mg ; gluc. : 41 g ; fibres : 6 g ; sodium : 632 mg.

SAUTÉ DE POULET AUX EDAMAMES

Servir ce régal sur de petites nouilles chinoises (de type chow mein) ou du riz vapeur.

4 PORTIONS

INGRÉDIENTS

1 t	edamames écossés surgelés	250 ml
2 c. à thé	huile végétale	10 ml
2 c. à thé	gingembre frais, haché finement	10 ml
2	gousses d'ail hachées finement	2
1 lb	hauts de cuisses de poulet désossés, coupés en cubes de ½ po (1 cm)	500 g
1	poivron rouge coupé en fines lanières	1
3 c. à tab	sauce hoisin	45 ml
2 c. à tab	sauce d'huîtres	30 ml
2 c. à tab	eau	30 ml

PRÉPARATION

1. Dans une casserole d'eau bouillante salée, cuire les edamames pendant 1 minute. Égoutter et réserver.

2. Dans un wok, chauffer l'huile à feu moyen-vif. Ajouter le gingembre et l'ail et cuire, en brassant, pendant 30 secondes. Ajouter le poulet et cuire, en brassant, pendant environ 6 minutes ou jusqu'à ce qu'il soit doré. Ajouter le poivron et les edamames réservés et cuire pendant environ 2 minutes ou jusqu'à ce que le poivron ait légèrement ramolli. Ajouter la sauce hoisin, la sauce d'huîtres et l'eau et poursuivre la cuisson, en brassant, pendant 2 minutes ou jusqu'à ce que les légumes soient bien enrobés et que le poulet ait perdu sa teinte rosée à l'intérieur.

PAR PORTION : cal. : 345 ; prot. : 35 g ; m.g. : 16 g (3 g sat.) ; chol. : 85 mg ; gluc. : 16 g ; fibres : 4 g ; sodium : 540 mg.

LINGUINE AU POULET PICCATA

4 PORTIONS

INGRÉDIENTS

12 oz	linguine ou autres pâtes longues	375 g
2	poitrines de poulet désossées, coupées sur le biais en lanières de ¼ po (5 mm) d'épaisseur	2
2 c. à tab	farine	30 ml
½ c. à thé	sel	2 ml
½ c. à thé	poivre noir du moulin	2 ml
1 c. à tab	huile d'olive	15 ml
1 c. à tab	beurre	15 ml
1	gousse d'ail hachée finement	1
¾ t	bouillon de poulet réduit en sel	180 ml
¼ t	persil frais, haché	60 ml
3 c. à tab	jus de citron	45 ml
2 c. à tab	câpres égouttées et rincées	30 ml
¼ t	fromage romano râpé	60 ml

PRÉPARATION

1. Dans une grande casserole d'eau bouillante salée, cuire les pâtes jusqu'à ce qu'elles soient al dente. Les égoutter et les remettre dans la casserole.

2. Entre-temps, parsemer le poulet de la farine, du sel et du poivre. Dans un grand poêlon à surface antiadhésive, chauffer l'huile et le beurre à feu moyen-vif. Ajouter l'ail et le poulet et cuire pendant environ 5 minutes ou jusqu'à ce que le poulet ait perdu sa teinte rosée à l'intérieur. Ajouter le bouillon en raclant le fond du poêlon pour en détacher les particules et porter à ébullition. Laisser bouillir pendant environ 2 minutes ou jusqu'à ce que le bouillon ait épaissi légèrement. Ajouter le persil, le jus de citron et les câpres et mélanger. Ajouter la préparation de poulet et le fromage aux pâtes et mélanger pour bien les enrober.

PAR PORTION : cal. : 493 ; prot. : 29 g ; m.g. : 11 g (4 g sat.) ; chol. : 53 mg ; gluc. : 68 g ; fibres : 4 g ; sodium : 888 mg.

TACOS AU POULET

Si désiré, on peut réchauffer les tortillas à sec dans un poêlon ou au micro-ondes (enveloppées de papier ciré) : cela permet de les plier plus facilement.

4 PORTIONS

INGRÉDIENTS

2 c. à thé	huile d'olive	10 ml
1 lb	poitrines de poulet désossées, coupées en cubes de ½ po (1 cm)	500 g
1 c. à thé	assaisonnement au chili	5 ml
1 c. à thé	cumin moulu	5 ml
1	petit oignon, coupé en tranches	1
1	poivron rouge ou orange coupé en tranches	1
¼ c. à thé	sel	1 ml
¼ c. à thé	poivre noir du moulin	1 ml
1	tomate coupée en dés	1
8	tortillas de maïs souples ou petites tortillas de farine blanche	8
¼ t	salsa	60 ml
¼ t	crème sure	60 ml
4	brins de coriandre fraîche, hachés	4

PRÉPARATION

1. Dans un poêlon, chauffer l'huile à feu moyen-vif. Ajouter le poulet, l'assaisonnement au chili et le cumin et cuire, en brassant, pendant environ 3 minutes ou jusqu'à ce que le poulet soit doré. Ajouter l'oignon, le poivron, le sel et le poivre et poursuivre la cuisson, en brassant, pendant environ 3 minutes ou jusqu'à ce que le poivron soit tendre mais encore croquant et que le poulet ait perdu sa teinte rosée à l'intérieur. Ajouter la tomate et mélanger.

2. Entre-temps, réchauffer les tortillas, si désiré. Répartir la préparation de poulet sur les tortillas chaudes. Garnir de la salsa, de la crème sure et de la coriandre. Plier les tortillas sur la garniture.

PAR PORTION : cal. : 285 ; prot. : 30 g ; m.g. : 8 g (2 g sat.) ; chol. : 71 mg ; gluc. : 25 g ; fibres : 4 g ; sodium : 344 mg.

PANINIS AU POULET ET AU PESTO
de tomates séchées

Pas de presse-panini ? On cuit le sandwich dans un poêlon à fond cannelé à feu moyen,
en le pressant et en le retournant à la mi-cuisson **(photo, p. 10)**.

2 PORTIONS

INGRÉDIENTS

4	tranches de pain multigrain	4
2	tranches de fromage suisse	2
1 ½ t	poulet cuit, coupé en tranches	375 ml
4	tranches de tomate	4
½ t	petites feuilles d'épinards frais	125 ml
2 c. à thé	pesto de tomates séchées	10 ml
1 c. à tab	beurre ramolli	15 ml

PRÉPARATION

1. Couvrir 2 tranches de pain du fromage,
du poulet, des tomates et des épinards. Étendre
le pesto sur les autres tranches de pain et les
déposer, le pesto dessous, sur les épinards.
Beurrer l'extérieur des sandwichs. Faire griller
dans un presse-panini pendant environ
4 minutes ou jusqu'à ce que le fromage ait
fondu et que le pain soit doré et croustillant.

PAR PORTION : cal. : 535 ; prot. : 40 g ; m.g. : 22 g (10 g sat.) ;
chol. : 106 mg ; gluc. : 42 g ; fibres : 7 g ; sodium : 583 mg.

ASTUCE

Quand on a du temps, pourquoi ne pas préparer son propre pesto ? Au robot
culinaire, broyer grossièrement ½ t (125 ml) d'amandes effilées et 2 gousses d'ail
en actionnant et en arrêtant successivement l'appareil. Ajouter 1 t (250 ml) de
tomates séchées conservées dans l'huile, égouttées, et ¼ c. à thé (1 ml) chacun
de sel et de poivre noir du moulin et hacher finement en actionnant et en arrêtant
successivement l'appareil. Sans arrêter l'appareil, ajouter ⅓ t (80 ml) d'huile d'olive
en un mince filet jusqu'à ce que la préparation soit lisse. Le pesto se conservera
jusqu'à 3 jours au réfrigérateur ou 6 mois au congélateur dans un contenant
hermétique. Donne environ 1 t (250 ml).

BIFTECKS DE FAUX-FILET,
sauce barbecue maison

2 PORTIONS

INGRÉDIENTS

¼ t	ketchup	60 ml
1 c. à tab	cassonade tassée	15 ml
2 c. à thé	sauce Worcestershire	10 ml
1 c. à thé	vinaigre de cidre ou de vin	5 ml
¼ c. à thé	assaisonnement au chili	1 ml
2	biftecks de faux-filet ou de contre-filet (environ ¾ lb/375 g en tout)	2
¼ c. à thé	sel	1 ml
¼ c. à thé	poivre noir du moulin	1 ml
2 c. à thé	huile végétale	10 ml

PRÉPARATION

1. Dans un bol, mélanger le ketchup, la cassonade, la sauce Worcestershire, le vinaigre de cidre et l'assaisonnement au chili. Réserver.

2. Parsemer chaque côté des biftecks du sel et du poivre. Dans un grand poêlon, chauffer l'huile à feu moyen-vif. Ajouter les biftecks, les faire dorer de 2 à 3 minutes, puis les badigeonner de la moitié de la sauce barbecue réservée. Retourner les biftecks, les badigeonner du reste de la sauce et poursuivre la cuisson de 2 à 3 minutes pour une viande mi-saignante.

PAR PORTION : cal. : 373 ; prot. : 33 g ; m.g. : 19 g (6 g sat.) ; chol. : 77 mg ; gluc. : 17 g ; fibres : 1 g ; sodium : 824 mg.

ASTUCE

L'accompagnement parfait ici : les pommes de terre au four. Mais comme elles demandent 1 heure de cuisson, on les cuit plutôt au micro-ondes, et personne ne verra la différence. Brosser les pommes de terre et les piquer sur toute leur surface avec une fourchette. Les disposer dans une assiette allant au micro-ondes et cuire à intensité maximum pendant environ 10 minutes ou jusqu'à ce qu'elles soient tendres.

CÔTELETTES D'AGNEAU POÊLÉES
et salade de carottes

4 PORTIONS

INGRÉDIENTS

¼ t	sauce soja	60 ml
2 c. à tab	cassonade tassée	30 ml
4	oignons verts coupés en tranches	4
2	gousses d'ail hachées finement	2
8	côtelettes d'agneau (environ 1 ¼ lb/625 g en tout)	8
2 c. à tab	jus de lime	30 ml
4 c. à thé	sauce de poisson	20 ml
1 c. à tab	huile végétale	15 ml
½ c. à thé	sucre	2 ml
4	carottes râpées	4
1	concombre coupé en deux sur la longueur, puis en tranches	1
½ t	coriandre fraîche, hachée	125 ml
1 c. à tab	graines de sésame grillées	15 ml

PRÉPARATION

1. Dans un petit bol, à l'aide d'un fouet, mélanger la sauce soja, la cassonade, les oignons verts et l'ail. Badigeonner chaque côté des côtelettes de ce mélange et réserver.

2. Dans un bol, à l'aide du fouet, mélanger le jus de lime, la sauce de poisson, la moitié de l'huile et le sucre. Ajouter les carottes, le concombre et la coriandre et mélanger pour bien les enrober de la vinaigrette. Parsemer des graines de sésame et réserver.

3. Dans un grand poêlon, chauffer le reste de l'huile à feu moyen-vif. Ajouter les côtelettes d'agneau réservées et cuire de 5 à 7 minutes ou jusqu'à ce qu'elles soient encore légèrement rosées à l'intérieur (les retourner à la mi-cuisson). Servir les côtelettes avec la salade réservée.

PAR PORTION : cal. : 202 ; prot. : 16 g ; m.g. : 11 g (3 g sat.) ; chol. : 32 mg ; gluc. : 12 g ; fibres : 3 g ; sodium : 628 mg.

ASTUCE

Les côtelettes d'agneau parées à la française (avec les os dénudés) sont tendres et savoureuses, vraiment parfaites pour recevoir. Pour gagner du temps, on demande au boucher de les parer pour nous. Pour un souper de semaine plus économique, on peut les remplacer par des côtelettes de longe d'agneau, moins spectaculaires, mais tout aussi irrésistibles.

PORC MOO SHU EXPRESS

Pour gagner du temps, on remplace ici les fines crêpes habituellement utilisées dans le porc moo shu par des tortillas. Arroser d'un filet de sauce hoisin, si désiré.

6 PORTIONS

INGRÉDIENTS

12 oz	porc haché maigre	375 g
2	gousses d'ail hachées finement	2
2 c. à tab	fécule de maïs	30 ml
1 c. à thé	gingembre frais, haché finement	5 ml
¼ c. à thé	poivre noir du moulin	1 ml
3 c. à tab	vinaigre de riz	45 ml
4 c. à thé	sauce soja réduite en sel	20 ml
2 c. à tab	sauce d'huîtres	30 ml
1 c. à tab	sucre	15 ml
1 c. à thé	huile de sésame	5 ml
2 c. à tab	huile végétale	30 ml
3	œufs battus	3
4 t	mélange de salade de chou râpé	1 L
1½ t	champignons shiitakes, les pieds enlevés, coupés en tranches fines	375 ml
5	oignons verts coupés en tranches sur le biais	5
12	petites tortillas de farine blanche	12

PRÉPARATION

1. Dans un bol, mélanger le porc haché, l'ail, la fécule de maïs, le gingembre et le poivre. Ajouter la moitié du vinaigre et de la sauce soja et mélanger. Réserver. Dans un petit bol, mélanger la sauce d'huîtres, le sucre, l'huile de sésame et le reste du vinaigre et de la sauce soja. Réserver.

2. Dans un grand poêlon, chauffer 1 c. à thé (5 ml) de l'huile végétale à feu vif. Ajouter les œufs et cuire, en brassant, pendant 30 secondes ou jusqu'à ce qu'ils aient pris, sans plus. Réserver les œufs dans une assiette.

3. Dans le poêlon, verser le reste de l'huile végétale. Ajouter la préparation de porc réservée et cuire, en défaisant la viande à l'aide d'une cuillère de bois, pendant 5 minutes ou jusqu'à ce que le porc ait perdu sa teinte rosée. Ajouter le mélange de salade de chou et les champignons et poursuivre la cuisson pendant 2 minutes ou jusqu'à ce que les champignons aient ramolli. Ajouter le mélange de sauce d'huîtres réservé, les oignons verts et les œufs réservés et mélanger pour bien enrober les ingrédients. Servir sur les tortillas.

PAR PORTION : cal. : 365 ; prot. : 18 g ; m.g. : 19 g (5 g sat.) ; chol. : 128 mg ; gluc. : 30 g ; fibres : 3 g ; sodium : 651 mg.

CÔTELETTES DE PORC ÉPICÉES
à l'oignon

Pour transformer de simples côtelettes de porc en un vrai petit régal,
il suffit de les frotter avec des épices avant de les faire dorer.

2 PORTIONS

INGRÉDIENTS

PRÉPARATION

½ c. à thé	cumin moulu	2 ml
½ c. à thé	piment de la Jamaïque	2 ml
1	pincée de paprika	1
1	pincée de sel	1
1	pincée de poivre noir du moulin	1
2	côtelettes de porc avec l'os (environ 1 lb/500 g en tout)	2
1 c. à tab	huile végétale	15 ml
1	oignon coupé en tranches fines	1
2 c. à thé	vinaigre balsamique	10 ml

1. Dans un petit bol, mélanger le cumin, le piment de la Jamaïque, le paprika, le sel et le poivre. Frotter les côtelettes de porc de ce mélange de chaque côté.

2. Dans un poêlon à surface antiadhésive, chauffer l'huile à feu moyen. Ajouter les côtelettes de porc et cuire pendant 8 minutes ou jusqu'à ce qu'elles soient encore légèrement rosées à l'intérieur (les retourner à la mi-cuisson). Mettre les côtelettes dans une assiette et les couvrir de papier d'aluminium, sans serrer.

3. Dans le poêlon, ajouter l'oignon et cuire à feu moyen-vif, en brassant souvent, pendant 5 minutes ou jusqu'à ce qu'il soit doré. Verser le vinaigre balsamique et le jus accumulé dans l'assiette des côtelettes et mélanger. Servir les côtelettes garnies des tranches d'oignon.

PAR PORTION : cal. : 299 ; prot. : 35 g ; m.g. : 14 g (2 g sat.) ; chol. : 106 mg ; gluc. : 7 g ; fibres : 1 g ; sodium : 96 mg.

VARIANTE

Côtelettes d'agneau épicées à l'oignon

Remplacer les côtelettes de porc par des côtelettes d'agneau. Cuire à feu moyen-vif de 5 à 7 minutes.

CÔTELETTES DE PORC,
chutney aux canneberges et aux figues

4 PORTIONS

INGRÉDIENTS

1 t	canneberges fraîches ou surgelées	250 ml
½ t	jus de pomme naturel (de type Tradition)	125 ml
¼ t	figues séchées hachées	60 ml
2 c. à tab	cassonade tassée	30 ml
1 c. à thé	romarin frais, haché finement ou	5 ml
½ c. à thé	romarin séché	2 ml
1 c. à tab	huile végétale	15 ml
8	petites côtelettes de porc désossées, le gras enlevé (environ 1 lb/500 g en tout)	8
	brins de romarin frais	
	sel et poivre noir du moulin	

PRÉPARATION

1. Dans une petite casserole, mélanger les canneberges, le jus de pomme, les figues, la cassonade et le romarin haché. Porter à ébullition. Réduire le feu et laisser mijoter, en brassant de temps à autre, de 5 à 8 minutes ou jusqu'à ce que le chutney ait épaissi.

2. Entre-temps, dans un grand poêlon, chauffer l'huile à feu moyen. Saler et poivrer les côtelettes. Ajouter les côtelettes et cuire de 4 à 5 minutes ou jusqu'à ce qu'elles soient encore légèrement rosées à l'intérieur (les retourner à la mi-cuisson). Servir les côtelettes garnies du chutney chaud et de brins de romarin.

PAR PORTION : cal. : 227 ; prot. : 18 g ; m.g. : 7 g (1 g sat.) ; chol. : 55 mg ; gluc. : 23 g ; fibres : 3 g ; sodium : 185 mg.

SAUTÉ DE BŒUF AUX POIS GOURMANDS

Le gingembre frais donne du punch à ce sauté. À servir sur du riz vapeur,
qui absorbera délicieusement la sauce.

4 PORTIONS

INGRÉDIENTS

2 c. à thé	huile végétale	10 ml
1 c. à tab	gingembre frais, râpé	15 ml
1 lb	bifteck de flanc coupé en tranches de ¼ po (5 mm) d'épaisseur	500 g
2 t	pois gourmands (sugar snap) ou pois mange-tout, parés	500 ml
½ t	bouillon de bœuf réduit en sel	125 ml
3 c. à tab	sauce d'huîtres	45 ml

PRÉPARATION

1. Dans un grand poêlon à surface antiadhésive, chauffer l'huile à feu moyen-vif. Ajouter le gingembre et cuire, en brassant, pendant 30 secondes. Ajouter le bifteck et cuire, en brassant, pendant environ 2 minutes ou jusqu'à ce qu'il soit doré. Ajouter les pois gourmands et poursuivre la cuisson, en brassant toujours, pendant environ 1 minute ou jusqu'à ce qu'ils soient chauds. Réserver la préparation de bœuf dans un bol.

2. Dans le poêlon, verser le bouillon et porter à ébullition. Réduire le feu et laisser mijoter pendant environ 2 minutes ou jusqu'à ce qu'il ait réduit légèrement. Remettre dans le poêlon la préparation de bœuf réservée, ajouter la sauce d'huîtres et mélanger.

PAR PORTION : cal. : 230 ; prot. : 26 g ; m.g. : 11 g (4 g sat.) ; chol. : 53 mg ; gluc. : 4 g ; fibres : 1 g ; sodium : 600 mg.

MOULES À LA THAÏE

4 PORTIONS

INGRÉDIENTS

1 c. à tab	jus de lime	15 ml
½ c. à thé	zeste de lime haché	2 ml
1	boîte de lait de coco (400 ml)	1
1 à 2 c. à thé	pâte de cari rouge (de type thaï)	5 à 10 ml
1 c. à thé	sauce de poisson	5 ml
3 lb	moules parées	1,5 kg
½ t	coriandre fraîche, hachée	125 ml

PRÉPARATION

1. Dans une grande casserole, porter à ébullition le jus de lime avec le zeste de lime, le lait de coco, la pâte de cari rouge et la sauce de poisson. Ajouter les moules et mélanger. Couvrir et cuire de 5 à 7 minutes ou jusqu'à ce que les moules s'ouvrent (jeter celles qui restent fermées). Ajouter la coriandre et mélanger.

PAR PORTION : cal. : 325 ; prot. : 22 g ; m.g. : 23 g (17 g sat.) ; chol. : 45 mg ; gluc. : 10 g ; fibres : 2 g ; sodium : 660 mg.

ASTUCE

Pour parer les moules, il faut bien les rincer, puis retirer le byssus (la barbe), s'il y a lieu. Bonne nouvelle : la plupart des moules sur le marché sont cultivées et n'ont pas de byssus. Sinon, on le tire délicatement avec une pince à bec effilé, il devrait s'enlever facilement.

PAVÉS DE FLÉTAN
enrobés de prosciutto

On privilégie le flétan du Pacifique provenant d'Amérique du Nord, plus souvent issu de pêches durables que les autres flétans. Sa chair est vraiment délicieuse enveloppée de prosciutto croustillant.

4 PORTIONS

INGRÉDIENTS

4	pavés de flétan sans la peau (environ 1 lb/500 g en tout)	4
1 c. à tab	moutarde de Dijon	15 ml
1 c. à tab	feuilles d'estragon frais	15 ml
4	tranches fines de prosciutto ou autre jambon séché (environ 4 oz/125 g en tout)	4
1	pincée de poivre noir	1
2 c. à thé	huile d'olive	10 ml

PRÉPARATION

1. Badigeonner les pavés de flétan de la moutarde et les parsemer de l'estragon. Entourer chaque pavé d'une tranche de prosciutto de manière à bien l'envelopper. Parsemer les pavés du poivre et les badigeonner de l'huile.

2. Mettre les baluchons, le joint de prosciutto dessous, sur une plaque de cuisson tapissée de papier d'aluminium. Cuire sous le gril préchauffé du four pendant environ 6 minutes ou jusqu'à ce que la chair du poisson se défasse facilement à la fourchette (retourner les pavés à la mi-cuisson).

PAR PORTION : cal. : 193 ; prot. : 29 g ; m.g. : 8 g (2 g sat.) ; chol. : 51 mg ; gluc. : 1 g ; fibres : traces ; sodium : 474 mg.

ASTUCE

On peut remplacer les fines herbes fraîches par des fines herbes séchées, en utilisant seulement le tiers de la quantité d'herbes fraîches requise. Comme les fines herbes séchées sont plus puissantes au goût, il vaut mieux en ajouter en petite quantité et goûter. Il sera toujours plus facile d'en remettre que d'en enlever !

TRUITE MEUNIÈRE

On propose ici des filets de truite pour ce grand classique de la cuisine française, habituellement préparé avec de la sole. Un délice tout simple à accompagner de pommes de terre grelots bouillies.

4 PORTIONS

INGRÉDIENTS

¼ t	farine	60 ml
½ c. à thé	sel	2 ml
½ c. à thé	poivre noir du moulin	2 ml
4	filets de truite (environ 1 ¼ lb/625 g en tout)	4
¼ t	beurre non salé	60 ml
2 c. à tab	persil frais, haché	30 ml
2 c. à tab	jus de citron	30 ml

PRÉPARATION

1. Dans un plat peu profond, mélanger la farine, le sel et le poivre. Passer les filets de truite dans le mélange de farine en les retournant pour bien les enrober (secouer pour enlever l'excédent).

2. Dans un grand poêlon, faire fondre la moitié du beurre à feu moyen. Ajouter les filets de truite et cuire de 6 à 8 minutes ou jusqu'à ce qu'ils soient dorés et que la chair se défasse facilement à la fourchette (les retourner à la mi-cuisson). Réserver au chaud dans une assiette.

3. Dans le poêlon, chauffer le reste du beurre pendant environ 1 minute ou jusqu'à ce qu'il ne soit plus mousseux. À l'aide d'un fouet, incorporer le persil et le jus de citron. Arroser les filets de truite réservés du beurre persillé.

PAR PORTION : cal.: 351 ; prot.: 36 g ; m.g.: 21 g (10 g sat.) ; chol.: 131 mg ; gluc.: 3 g ; fibres: traces ; sodium: 179 mg.

ASTUCE

En utilisant du beurre non salé, il est plus facile de contrôler la teneur en sel de ce plat. Idéalement, on ne devrait pas le remplacer par du beurre salé, mais si c'est tout ce qu'on a sous la main, on pense à réduire la quantité de sel ajouté dans le mélange de farine.

**PÉTONCLES POÊLÉS
ET CHOUX DE BRUXELLES
AU BACON**
page 68

20 minutes

PÂTES À LA BETTE À CARDE ET À L'AIL ⓥ

4 PORTIONS

INGRÉDIENTS

1	botte de bette à carde (environ 10 oz/300 g)	1
12 oz	fusillis ou autres pâtes courtes (environ 4 t/1 L)	375 g
3 c. à tab	huile d'olive	45 ml
4	gousses d'ail coupées en tranches fines	4
¼ c. à thé	sel	1 ml
1	pincée de flocons de piment fort	1
⅓ t	copeaux de parmesan	80 ml

PRÉPARATION

1. Hacher grossièrement les feuilles de bette à carde et couper les tiges en morceaux d'environ ½ po (1 cm). Réserver les tiges et les feuilles séparément.

2. Dans une grande casserole d'eau bouillante salée, cuire les pâtes jusqu'à ce qu'elles soient al dente. Ajouter les feuilles de bette à carde réservées 2 minutes avant la fin de la cuisson. Égoutter les pâtes et la bette à carde en réservant 1 t (250 ml) de l'eau de cuisson.

3. Entre-temps, dans un grand poêlon, chauffer l'huile à feu moyen. Ajouter l'ail et cuire, en brassant, pendant environ 2 minutes ou jusqu'à ce qu'il commence à dorer. Ajouter les tiges de bette à carde réservées, le sel et les flocons de piment fort et cuire, en brassant, pendant environ 4 minutes ou jusqu'à ce que les tiges soient tendres mais encore croquantes. Ajouter les pâtes et les feuilles de bette à carde et mélanger en ajoutant suffisamment de l'eau de cuisson réservée pour bien les enrober. Cuire, en brassant, pendant 2 minutes. Servir les pâtes parsemées des copeaux de parmesan.

PAR PORTION : cal. : 448 ; prot. : 15 g ; m.g. : 14 g (3 g sat.) ; chol. : 5 mg ; gluc. : 67 g ; fibres : 5 g ; sodium : 794 mg.

ASTUCE

Les tiges de la bette à carde sont délicieuses, mais elles prennent plus de temps à cuire que les feuilles, car elles sont plus épaisses. C'est pourquoi on ne les ajoute pas au même moment dans cette recette. Si on veut, on peut remplacer la bette à carde par du chou frisé (*kale*), en prenant soin d'enlever les tiges, qui sont caoutchouteuses. On ajoute alors simplement les feuilles hachées à l'eau de cuisson des pâtes tel que précisé à l'étape 2.

HAMBURGERS AUX PORTOBELLOS
et au provolone

Avec leur texture dense et charnue, les champignons portobellos font un délicieux
substitut de viande, même pour les carnivores convaincus.

4 PORTIONS

INGRÉDIENTS

4	gros champignons portobellos, les pieds enlevés	4
4	tranches épaisses d'oignon rouge	4
3 c. à tab	huile d'olive	45 ml
¼ c. à thé	sel	1 ml
¼ c. à thé	poivre noir du moulin	1 ml
4	tranches de fromage provolone	4
4	pains à hamburger de blé entier grillés	4
4	feuilles de laitue	4
8	tranches de tomate	8
⅓ t	hoummos ou tapenade aux poivrons rouges rôtis	80 ml
4	feuilles de basilic frais	4

PRÉPARATION

1. Essuyer les champignons portobellos avec des essuie-tout. Déposer les champignons et les tranches d'oignon sur une grille placée sur une plaque de cuisson tapissée de papier d'aluminium. Les badigeonner de l'huile et les parsemer du sel et du poivre. Cuire sous le gril préchauffé du four pendant environ 10 minutes ou jusqu'à ce qu'ils soient tendres et dorés (les retourner à la mi-cuisson). Réserver l'oignon dans une assiette.

Mettre une tranche de fromage sur chaque champignon. Poursuivre la cuisson sous le gril pendant 2 minutes ou jusqu'à ce que le fromage ait fondu. Au moment de servir, garnir chaque pain d'une feuille de laitue, de deux tranches de tomate, d'un champignon grillé, du quart des tranches d'oignon réservées, de 4 c. à thé (20 ml) du hoummos et d'une feuille de basilic.

PAR PORTION : cal. : 414 ; prot. : 16 g ; m.g. : 25 g (7 g sat.) ; chol : 23 mg ; gluc : 37 g ; fibres : 7 g ; sodium : 704 mg.

ESCALOPES DE POULET POÊLÉES
et cheveux d'ange au citron

4 PORTIONS

INGRÉDIENTS

1	citron	1
1 lb	escalopes de poulet	500 g
¼ c. à thé	sel	1 ml
¼ c. à thé	poivre noir du moulin	1 ml
4 c. à thé	huile d'olive	20 ml
2 c. à tab	câpres rincées et égouttées, hachées	30 ml
1 t	tomates cerises coupées en deux	250 ml
9 oz	cheveux d'ange	270 g

PRÉPARATION

1. Râper finement le zeste du citron, puis presser le citron (vous devriez obtenir 2 c. à thé/10 ml de zeste et 3 c. à tab/45 ml de jus). Réserver.

2. Parsemer les escalopes de poulet de la moitié du sel et du poivre. Dans un poêlon, chauffer la moitié de l'huile à feu moyen-vif. Ajouter les escalopes et cuire pendant environ 6 minutes ou jusqu'à ce qu'elles aient perdu leur teinte rosée à l'intérieur (les retourner à la mi-cuisson). Réserver au chaud dans une assiette.

3. Dans le poêlon, chauffer le reste de l'huile à feu moyen-vif. Ajouter les câpres et cuire pendant 30 secondes. Ajouter les tomates cerises avec le reste du sel et du poivre et poursuivre la cuisson pendant environ 2 minutes ou jusqu'à ce qu'elles commencent à ramollir.

4. Entre-temps, dans une grande casserole d'eau bouillante salée, cuire les pâtes jusqu'à ce qu'elles soient al dente. Les égoutter en réservant ½ t (125 ml) de l'eau de cuisson. Ajouter les pâtes et l'eau de cuisson réservée à la préparation de tomates et mélanger pour bien les enrober. Retirer le poêlon du feu. Ajouter le zeste et le jus de citron réservés et mélanger. Servir les escalopes de poulet avec les pâtes.

PAR PORTION : cal. : 440 ; prot. : 35 g ; m.g. : 8 g (1 g sat.) ; chol. : 66 mg ; gluc. : 56 g ; fibres : 4 g ; sodium : 467 mg.

ESCALOPES DE POULET À LA CRÈME
et salade à l'avocat

4 PORTIONS

INGRÉDIENTS

1 lb	escalopes de poulet	500 g
½ c. à thé	herbes de Provence séchées	2 ml
2 c. à thé + 4 c. à thé	huile d'olive	30 ml
¼ t	crème à 35 %	60 ml
1 c. à tab + 2 c. à thé	jus de citron	25 ml
7 t	petites verdures mélangées (de type mesclun)	1,75 L
½ t	radis coupés en tranches fines (environ 4 radis)	125 ml
¼ t	estragon frais, déchiqueté grossièrement	60 ml
¼ t	ciboulette fraîche, hachée	60 ml
1	avocat coupé en tranches	1
2 c. à thé	vinaigre balsamique	10 ml
	sel et poivre noir du moulin	

PRÉPARATION

1. Parsemer les escalopes de poulet des herbes de Provence. Saler et poivrer. Dans un grand poêlon, chauffer 2 c. à thé (10 ml) de l'huile à feu moyen. Ajouter les escalopes et cuire pendant environ 6 minutes ou jusqu'à ce qu'elles aient perdu leur teinte rosée à l'intérieur (les retourner à la mi-cuisson). Réserver au chaud dans une assiette.

2. Dans le poêlon, ajouter la crème et cuire à feu moyen, en raclant le fond pour en détacher les particules, pendant environ 5 minutes ou jusqu'à ce qu'elle ait réduit de moitié. Ajouter 1 c. à tab (15 ml) du jus de citron et mélanger.

3. Entre-temps, dans un bol, mélanger les verdures, les radis, l'estragon et la ciboulette. Garnir des tranches d'avocat. Dans un petit bol, à l'aide d'un fouet, mélanger le reste de l'huile et du jus de citron et le vinaigre. Saler et poivrer. Arroser la salade de la vinaigrette. Napper les escalopes de poulet réservées de la sauce et servir avec la salade.

PAR PORTION : cal. : 351 ; prot. : 29 g ; m.g. : 22 g (6 g sat.) ; chol. : 86 mg ; gluc. : 10 g ; fibres : 6 g ; sodium : 100 mg.

ASTUCE

Pour savoir si un avocat est mûr, on applique une petite pression sur la peau avec le pouce. Il est prêt lorsque la chair cède légèrement. S'il est dur, on le met un jour ou deux dans un sac en papier avec une pomme. Le gaz émis par la pomme (l'éthylène) l'aidera à mûrir plus rapidement. Une fois mûr, l'avocat se conserve quelques jours au frigo.

SAUTÉ DE POULET
aux pois mange-tout

4 PORTIONS

INGRÉDIENTS

¾ lb	poitrines de poulet désossées, coupées en tranches fines	375 g
2 c. à tab	huile d'olive	30 ml
2	gousses d'ail coupées en tranches fines	2
¾ c. à thé	paprika fumé ou ordinaire	4 ml
¼ c. à thé	cumin moulu	1 ml
2 oz	prosciutto ou jambon serrano haché	60 g
5 t	pois mange-tout parés	1,25 L
¼ t	bouillon de poulet réduit en sel	60 ml
¼ c. à thé	sel	1 ml
1	pincée de sucre	1

PRÉPARATION

1. Dans un bol, mélanger le poulet, 1 c. à tab (15 ml) de l'huile, l'ail, le paprika et le cumin. Réserver.

2. Dans un grand poêlon à surface antiadhésive, chauffer le reste de l'huile à feu vif. Ajouter le prosciutto et cuire, en brassant, pendant 10 secondes. Ajouter la préparation de poulet réservée et cuire, en brassant, pendant 5 minutes ou jusqu'à ce que le poulet soit doré. Ajouter les pois mange-tout et cuire, en brassant, pendant 30 secondes. Ajouter le bouillon, le sel et le sucre et poursuivre la cuisson, en brassant, de 2 à 3 minutes ou jusqu'à ce que les pois mange-tout soient tendres mais encore croquants et que le poulet ait perdu sa teinte rosée à l'intérieur.

PAR PORTION : cal. : 216 ; prot. : 25 g ; m.g. : 10 g (2 g sat.) ; chol. : 57 mg ; gluc. : 7 g ; fibres : 2 g ; sodium : 413 mg.

SALADE WALDORF
aux cheveux d'ange

4 à 6 PORTIONS

INGRÉDIENTS

1	petit poulet cuit, la peau enlevée et la chair déchiquetée en morceaux (environ 4 t/1 L)	1
1	pomme rouge (de type McIntosh) coupée en tranches fines	1
1	botte de cresson, parée	1
	ou	
1	paquet de petites feuilles d'épinards (5 oz/142 g)	1
8 oz	cheveux d'ange coupés en trois	250 g
⅓ t	vinaigre de cidre	80 ml
2 c. à tab	miel liquide	30 ml
1 c. à tab	moutarde au miel	15 ml
1 c. à thé	thym frais, haché	5 ml
⅛ c. à thé	sel	0,5 ml
⅛ c. à thé	poivre noir du moulin	0,5 ml
⅔ t	huile d'olive	160 ml
¾ t	noix de Grenoble grillées	180 ml

PRÉPARATION

1. Dans un grand bol, mélanger le poulet, la pomme et le cresson. Réserver. Porter à ébullition une grande casserole d'eau salée. Retirer la casserole du feu. Ajouter les cheveux d'ange et remuer. Laisser reposer pendant 5 minutes, en brassant pour les empêcher de coller.

2. Entre-temps, dans un petit bol, à l'aide d'un fouet, mélanger le vinaigre, le miel, la moutarde, le thym, le sel et le poivre. Incorporer petit à petit l'huile en fouettant.

3. Égoutter les cheveux d'ange, les passer sous l'eau froide et les ajouter à la salade de poulet réservée. Arroser de la vinaigrette et mélanger pour bien enrober les ingrédients. Parsemer des noix de Grenoble.

PAR PORTION : cal : 643 ; prot. : 33 g ; m.g. : 35 g (5 g sat.) ; chol. : 70 mg ; gluc. : 50 g ; fibres : 4 g ; sodium : 251 mg.

POULET CROUSTILLANT
au sésame

4 PORTIONS

INGRÉDIENTS

⅓ t	graines de sésame	80 ml
4 c. à thé	farine	20 ml
½ c. à thé	sel	2 ml
½ c. à thé	piment de Cayenne	2 ml
¼ c. à thé	poivre noir du moulin	1 ml
4	poitrines de poulet désossées	4
1 c. à tab	beurre	15 ml
1 c. à tab	huile d'olive	15 ml

PRÉPARATION

1. Au robot culinaire, moudre finement les graines de sésame (en laisser quelques-unes entières) avec la farine, le sel, le piment de Cayenne et le poivre. Mettre le mélange dans un plat peu profond.

2. Déposer les poitrines de poulet entre deux pellicules de plastique et, à l'aide d'un maillet, les aplatir à environ ½ po (1 cm) d'épaisseur. Passer les poitrines de poulet dans le mélange de graines de sésame en les retournant et en les pressant pour bien les enrober. Dans un grand poêlon à surface antiadhésive, chauffer le beurre et l'huile à feu moyen. Ajouter les poitrines de poulet et cuire pendant environ 12 minutes ou jusqu'à ce qu'elles aient perdu leur teinte rosée à l'intérieur (les retourner à la mi-cuisson).

PAR PORTION : cal. : 247 ; prot. : 32 g ; m.g. : 12 g (3 g sat.) ; chol. : 85 mg ; gluc. : 2 g ; fibres : 1 g ; sodium : 241 mg.

ACCOMPAGNEMENT EXPRESS — 4 PORTIONS

Salade d'épinards, vinaigrette citron et parmesan

Dans un petit pot hermétique, mettre 3 c. à tab (45 ml) d'huile d'olive, 2 c. à tab (30 ml) de parmesan râpé, ½ c. à thé (2 ml) de zeste de citron et 1 c. à tab (15 ml) de jus de citron. Saler et poivrer. Fermer le couvercle et agiter vigoureusement. Dans un grand bol, mélanger 4 t (1 L) d'épinards et 1 poivron coupé en lanières. Arroser de la moitié de la vinaigrette et bien mélanger. Si désiré, arroser le poulet du reste de la vinaigrette.

SOUPE AU POULET À LA THAÏE

Garnir la soupe de quelques tranches fines de piment chili rouge frais pour lui donner du piquant.
On peut remplacer le riz par des nouilles ou simplement l'omettre pour une soupe plus légère.

4 PORTIONS

INGRÉDIENTS

1 t	riz au jasmin ou riz à grain long	250 ml
4 t	bouillon de poulet réduit en sel	1 L
1	tige de citronnelle coupée en deux, puis chaque morceau en deux sur la longueur	1
6	tranches de gingembre frais de ½ po (1 cm) d'épaisseur	6
1 lb	poitrines de poulet désossées, coupées en tranches fines	500 g
1 ½ t	petits champignons blancs coupés en tranches fines	375 ml
1 t	petits pois surgelés	250 ml
2 c. à tab	sauce de poisson	30 ml
1 c. à tab	cassonade tassée	15 ml
1 c. à thé	pâte de cari rouge (de type thaï)	5 ml
1	boîte de lait de coco (400 ml)	1
⅓ t	coriandre fraîche, hachée	80 ml
2 c. à tab	jus de lime	30 ml

PRÉPARATION

1. Dans une casserole d'eau bouillante, cuire le riz jusqu'à ce qu'il soit tendre. Égoutter, au besoin. Entre-temps, verser le bouillon dans une grande casserole. Ajouter la citronnelle et le gingembre et porter à ébullition à feu moyen-vif. Ajouter le poulet, les champignons et les petits pois et cuire à feu moyen-doux pendant environ 4 minutes ou jusqu'à ce que le poulet ait perdu sa teinte rosée à l'intérieur.

2. Dans un petit bol, à l'aide d'un fouet, mélanger la sauce de poisson, la cassonade et la pâte de cari. Verser ce mélange dans la casserole avec le lait de coco, mélanger et réchauffer la soupe pendant environ 3 minutes. Retirer la citronnelle et le gingembre (les jeter). Ajouter la coriandre et le jus de lime et mélanger. Répartir le riz chaud dans des bols et verser la soupe sur le riz.

PAR PORTION : cal. : 551 ; prot. : 37 g ; m.g. : 23 g (19 g sat.) ; chol. : 66 mg ; gluc. : 50 g ; fibres : 3 g ; sodium : 1362 mg.

ASTUCE

La citronnelle fraîche donne beaucoup de saveur aux plats asiatiques. On en trouve dans la plupart des supermarchés, généralement au rayon des herbes fraîches. Pour parer la citronnelle, enlever une ou deux couches des feuilles dures qui entourent la tige et n'utiliser que la partie tendre au centre. Les tiges non utilisées se congèlent bien.

MÉDAILLONS DE PORC ÉPICÉS
et salade de carottes

Pour gagner de précieuses minutes à la cuisson, on tranche les filets de porc en médaillons.
Servir accompagné de petites pommes de terre rôties ou de couscous.

4 PORTIONS

INGRÉDIENTS

4 t	carottes râpées	1 L
2	oignons verts coupés en tranches fines	2
4 c. à tab	huile d'olive	60 ml
4 c. à tab	jus de citron	60 ml
2 c. à tab	persil frais, haché	30 ml
2 c. à tab	miel liquide	30 ml
½ c. à thé	cumin moulu	2 ml
½ c. à thé	sel	2 ml
½ c. à thé	paprika	2 ml
¼ c. à thé	cannelle moulue	1 ml
¼ c. à thé	poivre noir du moulin	1 ml
1 lb	filets de porc coupés en médaillons de 1 po (2,5 cm) d'épaisseur	500 g

PRÉPARATION

1. Dans un grand bol, mélanger les carottes, les oignons verts, 2 c. à tab (30 ml) de l'huile, 3 c. à tab (45 ml) du jus de citron, le persil, 1 c. à tab (15 ml) du miel et ¼ c. à thé (1 ml) chacun du cumin et du sel. Réserver.

2. Dans un petit bol, mélanger le paprika, la cannelle, le poivre, 1 c. à tab (15 ml) du reste de l'huile et le reste du jus de citron, du miel, du cumin et du sel. Parsemer les médaillons de porc de ce mélange et frotter délicatement pour le faire pénétrer.

3. Dans un poêlon à fond épais, chauffer le reste de l'huile à feu moyen. Ajouter les médaillons de porc et cuire de 3 à 4 minutes ou jusqu'à ce que l'intérieur soit encore légèrement rosé (retourner les médaillons à la mi-cuisson). Servir les médaillons avec la salade de carottes réservée.

PAR PORTION : cal. : 332 ; prot. : 26 g ; m.g. : 16 g (3 g sat.) ; chol. : 61 mg ; gluc. : 21 g ; fibres : 3 g ; sodium : 420 mg.

SAUTÉ DE PORC
aux courgettes et aux amandes

4 PORTIONS

INGRÉDIENTS

¾ lb	filet de porc coupé en cubes	375 g
2 c. à thé	vinaigre balsamique	10 ml
½ c. à thé	graines de fenouil	2 ml
¾ c. à thé	sel	4 ml
¼ c. à thé	flocons de piment fort	1 ml
1	pincée de poivre noir du moulin	1
2 c. à tab	huile d'olive	30 ml
2	petites courgettes vertes ou jaunes, coupées en quatre sur la longueur, puis en morceaux	2
2	gousses d'ail coupées en tranches fines	2
½ c. à thé	origan séché	2 ml
¼ t	persil frais, haché	60 ml
½ t	amandes naturelles grillées	125 ml

PRÉPARATION

1. Dans un bol, mélanger le porc, le vinaigre balsamique, les graines de fenouil, ½ c. à thé (2 ml) du sel, les flocons de piment fort et le poivre. Dans un grand poêlon à surface antiadhésive, chauffer la moitié de l'huile à feu vif. Ajouter la préparation de porc et cuire, en brassant, de 2 à 3 minutes ou jusqu'à ce que le porc soit doré mais encore légèrement rosé à l'intérieur. Réserver dans une assiette.

2. Essuyer le poêlon avec des essuie-tout. Verser le reste de l'huile et chauffer à feu moyen. Ajouter les courgettes, l'ail, l'origan et le reste du sel et cuire, en brassant, de 3 à 4 minutes ou jusqu'à ce que les courgettes soient dorées. Ajouter le persil, les amandes et le porc réservé avec son jus et réchauffer, en brassant, pendant environ 1 minute.

PAR PORTION : cal. : 271 ; prot. : 23 g ; m.g. : 17 g (2 g sat.) ; chol. : 47 mg ; gluc. : 7 g ; fibres : 3 g ; sodium : 482 mg.

CÔTELETTES DE PORC POÊLÉES
sur couscous israélien

Le couscous israélien, ou couscous de Jérusalem, a des grains plus gros que ceux du couscous habituel. Sa texture ressemble davantage à celle des petites pâtes comme l'orzo, et on le sert al dente.

4 PORTIONS

INGRÉDIENTS

4	côtelettes de porc désossées à cuisson rapide (environ 1 lb/500 g en tout)	4
2 c. à thé	huile végétale	10 ml
1 ¾ t	eau	430 ml
1 ½ t	couscous israélien	375 ml
¼ t	persil frais, haché	60 ml
2 c. à tab	beurre ou huile d'olive	30 ml
1 c. à tab	menthe fraîche, hachée	15 ml
½ t	tomates raisins hachées	125 ml
⅓ t	oignon rouge coupé en petits dés	80 ml
⅓ t	olives noires coupées en tranches	80 ml
2 c. à tab	origan frais, haché	30 ml
1 c. à tab	huile d'olive	15 ml
1 c. à tab	vinaigre de vin rouge	15 ml
	sel et poivre noir du moulin	

PRÉPARATION

1. Saler et poivrer les côtelettes de porc. Dans un grand poêlon à surface antiadhésive, chauffer l'huile végétale à feu moyen. Ajouter les côtelettes et cuire pendant environ 8 minutes ou jusqu'à ce qu'elles soient encore légèrement rosées à l'intérieur (les retourner à la mi-cuisson).

2. Entre-temps, verser l'eau dans une casserole et porter à ébullition. Ajouter le couscous, couvrir et cuire pendant environ 8 minutes ou jusqu'à ce que le liquide ait été absorbé. Ajouter le persil, le beurre et la menthe et mélanger. Saler et poivrer.

3. Entre-temps, dans un petit bol, mélanger les tomates, l'oignon, les olives, l'origan, l'huile d'olive et le vinaigre. Servir les côtelettes de porc sur le couscous, garnies de la salsa aux tomates et aux olives.

PAR PORTION : cal. : 433 ; prot. : 32 g ; m.g. : 13 g (6 g sat.) ; chol. : 67 mg ; gluc. : 44 g ; fibres : 3 g ; sodium : 329 mg.

VARIANTE

Escalopes de poulet sur couscous israélien
Remplacer les côtelettes de porc par 4 escalopes de poulet et les cuire pendant environ 6 minutes ou jusqu'à ce qu'elles aient perdu leur teinte rosée.

CROQUE-MONSIEUR CLASSIQUES

Un classique de bistro en version améliorée, avec sauce béchamel et gruyère fondant.

4 PORTIONS

INGRÉDIENTS

1 c. à tab	beurre	15 ml
1 c. à tab	farine	15 ml
½ t	lait	125 ml
1	pincée de muscade moulue	1
2 c. à tab	moutarde de Dijon	30 ml
8	tranches de pain multigrain de ½ po (1 cm) d'épaisseur	8
4	tranches de gruyère	4
4	tranches fines de jambon	4
2 c. à tab	beurre fondu	30 ml
1 c. à thé	huile végétale	5 ml
1 t	gruyère râpé	250 ml
	sel et poivre noir du moulin	

PRÉPARATION

1. Dans une petite casserole, faire fondre le beurre à feu moyen. À l'aide d'un fouet, ajouter la farine et cuire, en fouettant sans arrêt, pendant 1 minute. Ajouter le lait en fouettant et porter à ébullition. Réduire le feu et laisser mijoter, en fouettant, pendant environ 3 minutes ou jusqu'à ce que la sauce ait épaissi. Ajouter la muscade et mélanger. Saler, poivrer et réserver.

2. Étendre la moutarde sur quatre tranches de pain. Garnir chacune d'une tranche de gruyère et de jambon et couvrir du reste des tranches de pain. Badigeonner l'extérieur des sandwichs du beurre fondu. Chauffer un grand poêlon allant au four à feu moyen et le badigeonner de l'huile. Ajouter les sandwichs et cuire pendant environ 3 minutes de chaque côté ou jusqu'à ce qu'ils soient dorés.

3. Verser la béchamel réservée sur les sandwichs dans le poêlon (ne pas la laisser couler sur les côtés des sandwichs). Parsemer du gruyère râpé. Cuire sous le gril préchauffé du four de 2 à 4 minutes ou jusqu'à ce que le fromage ait fondu et soit légèrement doré.

PAR PORTION : cal. : 560 ; prot. : 31 g ; m.g. : 30 g (15 g sat.) ; chol. : 84 mg ; gluc. : 43 g ; fibres : 7 g ; sodium : 944 mg.

ACCOMPAGNEMENT EXPRESS — 4 PORTIONS

Salade pomme-cresson

Mettre 1 botte de cresson lavée, essorée et parée et 1 pomme coupée en dés dans un grand bol. Réserver. Dans un petit bol, mélanger 1 c. à tab (15 ml) chacun d'huile d'olive et de jus de citron, et 1 c. à thé (5 ml) de moutarde de Dijon. Saler et poivrer. Verser sur la salade et mélanger délicatement.

SANDWICHS ROULÉS AU JAMBON
et à la salade du chef (photo, p. 9)

4 PORTIONS

INGRÉDIENTS

PRÉPARATION

2 c. à tab	huile d'olive	30 ml
1 c. à tab	vinaigre de vin rouge	15 ml
1 c. à thé	moutarde de Dijon	5 ml
4 t	laitue romaine hachée, légèrement tassée	1 L
¾ t	concombre haché	180 ml
3	radis coupés en tranches fines	3
1 c. à tab	ciboulette fraîche, hachée	15 ml
4	tranches de cheddar (environ 3 oz/90 g en tout)	4
4	grandes tortillas aux épinards ou de blé entier	4
4	tranches fines de jambon Forêt-Noire (environ 2 oz/60 g en tout)	4
4	œufs durs, coupés en tranches	4

1. Dans un bol, à l'aide d'un fouet, mélanger l'huile, le vinaigre et la moutarde. Ajouter la laitue, le concombre, les radis et la ciboulette et mélanger pour bien enrober les ingrédients.

2. Mettre une tranche de cheddar au centre de chaque tortilla. Garnir d'une tranche de jambon et du quart des tranches d'œufs. Couvrir de la salade et rouler en serrant bien. (On peut préparer les sandwichs roulés à l'avance. Ils se conserveront jusqu'au lendemain au réfrigérateur.)

PAR PORTION : cal. : 427 ; prot. : 20 g ; m.g. : 24 g (8 g sat.) ; chol. : 212 mg ; gluc. : 35 g ; fibres : 2 g ; sodium : 814 mg.

Sandwichs roulés à la dinde et à la salade du chef
Remplacer le jambon par des tranches de dinde fumée et le cheddar par du fromage suisse.

TACOS AU BŒUF HACHÉ,
salsa au maïs

4 PORTIONS

INGRÉDIENTS

1 c. à thé	huile végétale	5 ml
1 t	oignon haché	250 ml
2	gousses d'ail hachées finement	2
¾ lb	bœuf haché extramaigre	375 g
2 c. à tab	pâte de tomates	30 ml
2 c. à thé	assaisonnement au chili	10 ml
¼ c. à thé	sel	1 ml
¼ c. à thé	poivre noir du moulin	1 ml
1	avocat coupé en dés	1
1 t	maïs en grains surgelé, décongelé et blanchi	250 ml
½ t	tomates cerises coupées en quatre	125 ml
1	oignon vert coupé en tranches	1
1 c. à thé	zeste de lime râpé	5 ml
1 c. à thé	jus de lime	5 ml
8	tortillas de farine blanche, réchauffées (6 po/15 cm de diamètre)	8
¼ t	crème sure	60 ml
⅓ t	cheddar râpé	80 ml

PRÉPARATION

1. Dans un poêlon à surface antiadhésive, chauffer l'huile à feu moyen. Ajouter l'oignon et cuire, en brassant de temps à autre, de 3 à 4 minutes ou jusqu'à ce qu'il ait ramolli. Ajouter l'ail et cuire, en brassant, pendant 1 minute. Ajouter le bœuf haché et cuire, en le défaisant à l'aide d'une cuillère de bois, pendant environ 5 minutes ou jusqu'à ce qu'il ait perdu sa teinte rosée. Ajouter la pâte de tomates, l'assaisonnement au chili et la moitié du sel et du poivre et mélanger. Retirer le poêlon du feu. Réserver au chaud.

2. Entre-temps, dans un bol, mélanger l'avocat, le maïs, les tomates, l'oignon vert, le zeste et le jus de lime et le reste du sel et du poivre. Répartir la garniture au bœuf réservée sur les tortillas chaudes. Garnir de la salsa au maïs, de la crème sure et du cheddar.

PAR PORTION : cal. : 521 ; prot. : 29 g ; m.g. : 25 g (8 g sat.) ; chol. : 62 mg ; gluc. : 50 g ; fibres : 7 g ; sodium : 725 mg.

ASTUCE

Il n'est pas recommandé d'ajouter des légumes surgelés simplement décongelés à des préparations prêtes à servir, comme cette salsa. Même s'ils ont une belle texture en décongelant, les légumes surgelés, surtout les petits pois et le maïs, peuvent contenir des bactéries pouvant nous rendre malades. La solution pour les utiliser en toute sécurité : il suffit de les blanchir à l'eau bouillante de 30 secondes à 1 minute avant de les ajouter à une recette.

RIZ FRIT AU BIFTECK

On peut préparer ce riz avec n'importe quel reste de viande (bifteck grillé, rôti de bœuf, poulet, porc) ou même avec du tofu.

4 PORTIONS

INGRÉDIENTS

PRÉPARATION

3 c. à tab	huile végétale	45 ml
3	oignons verts, les parties blanche et verte séparées, coupés en tranches fines	3
3	gousses d'ail hachées finement	3
1 c. à tab	gingembre frais, haché finement	15 ml
4	champignons coupés en tranches	4
1	carotte coupée en dés	1
1	branche de céleri coupée en dés	1
½	poivron rouge coupé en dés	½
1	tomate coupée en dés	1
5 t	riz cuit, froid	1,25 L
2 t	bifteck ou rôti de bœuf cuit, coupé en cubes	500 ml
½ t	petits pois surgelés	125 ml
2 c. à tab	sauce soja réduite en sel	30 ml
1 c. à tab	sauce d'huîtres	15 ml
1 c. à thé	huile de sésame	5 ml

1. Dans un grand poêlon à surface antiadhésive, chauffer l'huile végétale à feu moyen-vif. Ajouter la partie blanche des oignons verts, l'ail et le gingembre et cuire, en brassant, pendant 1 minute. Ajouter les champignons, la carotte, le céleri, le poivron et la tomate et poursuivre la cuisson, en brassant, pendant environ 4 minutes ou jusqu'à ce que les légumes soient tendres mais encore croquants.

2. Dans le poêlon, ajouter le riz, le bifteck, les petits pois, la sauce soja et la sauce d'huîtres et cuire, en brassant, pendant 3 minutes. Retirer le poêlon du feu. Ajouter la partie verte des oignons verts et l'huile de sésame et mélanger.

PAR PORTION : cal. : 531 ; prot. : 28 g ; m.g. : 16 g (3 g sat.) ; chol. : 51 mg ; gluc. : 66 g ; fibres : 4 g ; sodium : 500 mg.

Le bifteck de flanc fait partie des coupes plus économiques, donc moins tendres. Normalement, il faut le mariner ou le braiser pour l'attendrir. Mais on peut aussi le cuire rapidement, jusqu'à ce qu'il soit mi-saignant tout au plus (sinon il deviendra dur). On le coupe ensuite dans le sens contraire des fibres de la viande, ce qui lui donne une texture plus tendre.

BIFTECK DE FLANC POÊLÉ
et purée de chou-fleur à l'ail

6 PORTIONS

INGRÉDIENTS

1 c. à thé	paprika	5 ml
½ c. à thé	sel	2 ml
¼ c. à thé	poivre noir du moulin	1 ml
1	bifteck de flanc (environ 1 lb/500 g)	1
1 c. à tab	huile d'olive	15 ml
1 c. à tab	beurre	15 ml
2	gousses d'ail coupées en tranches	2
1	chou-fleur défait en petits bouquets	1
2	gousses d'ail hachées finement	2
2	oignons verts, les parties blanche et vert pâle seulement, hachés	2
⅓ t	crème sure	80 ml

PRÉPARATION

1. Dans un petit bol, mélanger le paprika, la moitié du sel et le poivre. Frotter les deux côtés du bifteck de ce mélange. Réserver. Dans un poêlon, chauffer l'huile et le beurre à feu moyen. Ajouter les tranches d'ail et cuire pendant 5 minutes ou jusqu'à ce qu'elles soient dorées. Retirer l'ail du poêlon (le jeter).

2. Dans le poêlon, ajouter le bifteck réservé et cuire pendant environ 8 minutes pour une viande mi-saignante ou jusqu'au degré de cuisson désiré (le retourner à la mi-cuisson). Mettre le bifteck sur une planche à découper et laisser reposer à découvert pendant 5 minutes.

3. Entre-temps, dans une casserole d'eau bouillante salée, cuire le chou-fleur, l'ail haché et la partie blanche des oignons verts pendant environ 8 minutes ou jusqu'à ce que le chou-fleur soit tendre. Égoutter et remettre dans la casserole. Chauffer à feu doux, en remuant, pendant 1 minute. Au robot culinaire, réduire le mélange de chou-fleur en purée lisse avec la crème sure et le reste du sel. Incorporer la partie verte des oignons verts à l'aide d'une cuillère. Couper le bifteck en tranches et servir avec la purée de chou-fleur.

PAR PORTION : cal. : 284 ; prot. : 27 g ; m.g. : 16 g (7 g sat.) ; chol. : 64 mg ; gluc. : 8 g ; fibres : 4 g ; sodium : 709 mg.

CROQUETTES DE POISSON

4 PORTIONS

INGRÉDIENTS

1 lb	filets de poisson à chair blanche et ferme, sans la peau (morue, aiglefin ou autre)	500 g
½ t	chapelure nature	125 ml
2	oignons verts coupés en tranches fines	2
¼ t	persil frais, haché	60 ml
1	œuf légèrement battu	1
2 c. à thé	moutarde de Dijon	10 ml
¼ c. à thé	sel	1 ml
¼ c. à thé	poivre noir du moulin	1 ml
4 c. à thé	huile végétale	20 ml
4	quartiers de citron	4

PRÉPARATION

1. Au robot culinaire, hacher grossièrement le poisson en activant et en arrêtant successivement l'appareil (ne pas le réduire en pâte). Mettre le poisson dans un grand bol. Ajouter la chapelure, les oignons verts, le persil, l'œuf, la moutarde de Dijon, le sel et le poivre et mélanger. Façonner la préparation de poisson en huit croquettes de ½ po (1 cm) d'épaisseur.

2. Dans un grand poêlon à surface antiadhésive, chauffer l'huile à feu moyen. Ajouter les croquettes de poisson et cuire de 8 à 10 minutes ou jusqu'à ce qu'elles soient dorées (les retourner à la mi-cuisson). Servir avec les quartiers de citron.

PAR PORTION : cal. : 322 ; prot. : 24 g ; m.g. : 19 g (2 g sat.) ; chol. : 103 mg ; gluc. : 13 g ; fibres : 1 g ; sodium : 478 mg.

SAUCE EXPRESS – DONNE ENVIRON ½ T (125 ML)

Sauce tartare

Dans un petit bol, mélanger ⅓ t (80 ml) de mayonnaise légère, 2 c. à tab (30 ml) de cornichons hachés ou de relish verte, 1 c. à tab (15 ml) de câpres rincées et égouttées, hachées, si désiré, 1 c. à thé (5 ml) de jus de citron et une pincée de sel et de poivre noir du moulin. (On peut préparer la sauce à l'avance. Elle se conservera jusqu'à 2 jours au réfrigérateur.)

TACOS AU POISSON,
salsa à la mangue et à l'avocat

On accompagnera ces tacos de quartiers de lime. Pour donner plus de piquant à la salsa, on peut ajouter un ou deux traits de sauce tabasco.

4 PORTIONS

INGRÉDIENTS

½ lb	filets de tilapia	250 g
¼ c. à thé	piment de la Jamaïque moulu	1 ml
¼ t	farine	60 ml
1	œuf légèrement battu	1
⅔ t	chapelure japonaise (de type panko) ou chapelure nature	160 ml
1 c. à tab	huile végétale	15 ml
½ t	mangue coupée en dés	125 ml
1	avocat coupé en dés	1
⅓ t	oignon rouge haché finement	80 ml
1 c. à thé	zeste de lime râpé	5 ml
2 c. à thé +1 c. à tab	jus de lime	25 ml
½ t	yogourt grec nature	125 ml
8	tortillas de maïs souples, réchauffées	8
	sel et poivre noir du moulin	

PRÉPARATION

1. Parsemer les filets de poisson du piment de la Jamaïque. Saler et poivrer. Mettre la farine, l'œuf et la chapelure dans trois plats peu profonds. Passer les filets de poisson dans la farine, les tremper ensuite dans l'œuf, puis les passer dans la chapelure de manière à bien les enrober.

2. Dans un poêlon à surface antiadhésive, chauffer l'huile à feu moyen. Ajouter les filets de poisson et cuire de 6 à 8 minutes ou jusqu'à ce qu'ils soient dorés et que la chair se défasse facilement à la fourchette (les retourner à la mi-cuisson). Défaire les filets de poisson en morceaux. Réserver au chaud.

3. Entre-temps, dans un bol, mélanger la mangue, l'avocat, l'oignon, le zeste et 2 c. à thé (10 ml) du jus de lime. Saler et poivrer. Dans un petit bol, mélanger le yogourt et le reste du jus de lime. Répartir le poisson réservé sur les tortillas chaudes. Garnir de la salsa à la mangue et de la sauce au yogourt.

PAR PORTION : cal. : 437 ; prot. : 22 g ; m.g. : 20 g (5 g sat.) ; chol. : 61 mg ; gluc. : 43 g ; fibres : 6 g ; sodium : 363 mg.

ASTUCE

Pour apprêter une mangue, couper d'abord une tranche à la base, du côté du pédoncule (là où était attachée la tige), pour qu'elle tienne debout. À l'aide d'un couteau-éplucheur, peler la moitié de la mangue. En tenant le côté pelé avec des essuie-tout pour l'empêcher de glisser, peler l'autre moitié. En tenant la mangue debout, couper la chair en longeant le noyau de chaque côté. Ne reste plus qu'à la hacher, la trancher ou la couper en dés selon nos besoins.

BIFTECKS POÊLÉS AUX CHAMPIGNONS

On peut préparer ce plat simple avec n'importe quels biftecks à cuisson rapide. Servir avec des nouilles aux œufs arrosées d'un filet d'huile d'olive et des pois mange-tout vapeur.

4 PORTIONS

INGRÉDIENTS

3 c. à tab	huile d'olive	45 ml
2	gousses d'ail hachées finement	2
12 oz	champignons café coupés en tranches	375 g
½ c. à thé	thym frais, haché	2 ml
¼ c. à thé	sel	1 ml
¼ c. à thé	poivre noir du moulin	1 ml
4	biftecks à griller désossés de ½ po (1 cm) d'épaisseur (environ 1 ½ lb/750 g en tout)	4
1 c. à tab	farine	15 ml
½ t	bouillon de bœuf réduit en sel	125 ml
½ t	eau	125 ml

PRÉPARATION

1. Dans un grand poêlon, chauffer 2 c. à tab (30 ml) de l'huile à feu moyen. Ajouter l'ail et cuire, en brassant, pendant 30 secondes. Ajouter les champignons, le thym, le sel et le poivre et cuire, en brassant de temps à autre, pendant environ 8 minutes ou jusqu'à ce que les champignons soient dorés.

2. Entre-temps, dans un autre grand poêlon, chauffer le reste de l'huile à feu moyen-vif. Ajouter les biftecks et cuire de 4 à 6 minutes pour une viande mi-saignante ou jusqu'au degré de cuisson désiré (les retourner à la mi-cuisson). Réserver au chaud dans une assiette.

3. Saupoudrer la farine dans le poêlon et cuire à feu moyen, en brassant sans arrêt à l'aide d'un fouet, pendant 1 minute. Ajouter le bouillon et l'eau en fouettant et porter à ébullition. Réduire à feu moyen-doux et laisser mijoter pendant environ 2 minutes ou jusqu'à ce que la sauce ait réduit à environ ½ t (125 ml). Napper les biftecks réservés de la sauce et garnir des champignons.

PAR PORTION : cal. : 460 ; prot. : 39 g ; m.g. : 31 g (10 g sat.) ; chol. : 89 mg ; gluc. : 6 g ; fibres : 2 g ; sodium : 318 mg.

ASTUCE

Le thym frais confère à cette sauce tout son arôme. On évite donc de le remplacer par du thym séché, qui ne donnera pas les mêmes résultats. Pour un parfum différent, on utilise du romarin frais.

PÉTONCLES POÊLÉS
et choux de Bruxelles au bacon

Un plat de réception à la fois simple et chic **(photo, p. 36)**.

4 PORTIONS

INGRÉDIENTS

1	citron	1
16 oz	choux de Bruxelles parés	500 g
3	tranches de bacon hachées	3
3	gousses d'ail hachées	3
¼ t	eau	60 ml
¼ c. à thé	sel	1 ml
¼ c. à thé	poivre noir du moulin	1 ml
1	paquet de pétoncles surgelés, décongelés (400 g)	1
1 c. à tab	huile végétale	15 ml

ASTUCE

Pour décongeler les pétoncles, les mettre dans une passoire placée sur un bol et les laisser reposer au réfrigérateur jusqu'au lendemain. De cette manière, ils ne baigneront pas dans leur jus. Une fois les pétoncles décongelés, il faut les éponger soigneusement avant de les utiliser pour qu'ils dorent bien.

PRÉPARATION

1. Râper finement le zeste du citron, puis presser légèrement le citron (vous devriez obtenir 2 c. à thé/10 ml de zeste et 1 c. à tab/15 ml de jus). Réserver. Séparer les feuilles des choux de Bruxelles et couper le cœur en deux. Réserver.

2. Dans un grand poêlon, cuire le bacon à feu moyen-vif, en brassant souvent, pendant environ 2 minutes ou jusqu'à ce qu'il soit doré et croustillant. Laisser égoutter le bacon dans une assiette tapissée d'essuie-tout. Réserver.

3. Retirer le gras de bacon du poêlon, sauf 2 c. à thé (10 ml). Ajouter l'ail, les feuilles et les cœurs des choux de Bruxelles réservés et cuire, en brassant de temps à autre, pendant environ 4 minutes ou jusqu'à ce que les choux commencent à dorer. Ajouter l'eau et la moitié du sel et du poivre et poursuivre la cuisson, en brassant, jusqu'à ce que presque toute l'eau se soit évaporée. Ajouter le zeste et le jus de citron réservés et mélanger. Mettre la préparation de choux de Bruxelles dans un plat de service et parsemer du bacon réservé.

4. Parsemer les pétoncles du reste du sel et du poivre. Dans le poêlon, chauffer l'huile à feu moyen-vif. Ajouter les pétoncles et cuire pendant environ 4 minutes ou jusqu'à ce qu'ils soient opaques et dorés (les retourner à la mi-cuisson). Servir les pétoncles sur la préparation de choux de Bruxelles.

PAR PORTION : cal. : 208 ; prot. : 22 g ; m.g. : 9 g (2 g sat.) ; chol. : 40 mg ; gluc. : 12 g ; fibres : 4 g ; sodium : 337 mg.

SAUTÉ DE CREVETTES
au cumin et à la lime

4 PORTIONS

INGRÉDIENTS		
3 c. à thé	huile d'olive	15 ml
1 ½ t	oignons hachés	375 ml
1	poivron rouge ou jaune coupé en tranches fines	1
1 c. à thé	piment chili frais (de type jalapeño) épépiné et haché finement	5 ml
12 oz	crevettes décortiquées et déveinées	375 g
1 ½ c. à tab	assaisonnement au chili	22 ml
1 ½ c. à thé	cumin moulu	7 ml
2 c. à tab	jus de lime	30 ml
2 c. à tab	beurre	30 ml
	sel	

PRÉPARATION

1. Dans un grand poêlon à surface antiadhésive, chauffer 1 c. à thé (5 ml) de l'huile à feu moyen-vif. Ajouter les oignons, le poivron et le piment chili et cuire, en brassant souvent, pendant 3 minutes. Ajouter les crevettes, l'assaisonnement au chili et le cumin et poursuivre la cuisson, en brassant de temps à autre, pendant 3 minutes ou jusqu'à ce que les crevettes soient rosées.

2. Retirer le poêlon du feu. Ajouter le reste de l'huile, le jus de lime et le beurre et mélanger. Saler, couvrir et laisser reposer pendant 5 minutes.

PAR PORTION : cal. : 190 ; prot. : 13 g ; m.g. : 10 g (4 g sat.) ; chol. : 120 mg ; gluc. : 10 g ; fibres : 2 g ; sodium : 668 mg.

ACCOMPAGNEMENT EXPRESS — 4 PORTIONS

Couscous au persil

Dans une casserole, chauffer 1 c. à tab (15 ml) d'huile d'olive à feu moyen. Ajouter 1 oignon haché, 2 gousses d'ail hachées finement, 1 c. à tab (15 ml) de zeste de citron râpé finement, ½ c. à thé (2 ml) chacun de sel et de poivre. Cuire, en brassant, pendant environ 3 minutes ou jusqu'à ce que l'oignon ait ramolli. Ajouter 1 t (250 ml) de couscous et 1 t (250 ml) d'eau bouillante. Couvrir et laisser reposer pendant 5 minutes. Ajouter 3 c. à tab (45 ml) de persil frais, haché et mélanger à l'aide d'une fourchette.

PÂTES AUX CREVETTES
et à l'ail

4 PORTIONS

INGRÉDIENTS

12 oz	spaghettis ou autres pâtes longues	375 g
3 c. à tab	huile d'olive	45 ml
2 t	tomates cerises coupées en deux	500 ml
3	filets d'anchois hachés	3
3	gousses d'ail hachées	3
3	brins de thym frais	3
¼ c. à thé	sel	1 ml
¼ c. à thé	flocons de piment fort	1 ml
1 lb	grosses crevettes, décortiquées et déveinées (31 à 35 crevettes par lb/500 g)	500 g
⅓ t	vin blanc sec	80 ml
3 c. à tab	persil frais, haché	45 ml

PRÉPARATION

1. Dans une grande casserole d'eau bouillante salée, cuire les pâtes jusqu'à ce qu'elles soient al dente. Les égoutter en réservant ½ t (125 ml) de l'eau de cuisson et les remettre dans la casserole.

2. Entre-temps, dans un grand poêlon, chauffer l'huile à feu moyen. Ajouter les tomates, les anchois, l'ail, le thym, le sel et les flocons de piment fort et cuire, en brassant de temps à autre, de 3 à 5 minutes ou jusqu'à ce que les tomates aient ramolli. Ajouter les crevettes et le vin et poursuivre la cuisson à feu moyen-vif, en brassant de temps à autre, pendant environ 5 minutes ou jusqu'à ce que les crevettes soient rosées. Parsemer du persil.

3. Ajouter la préparation de crevettes aux pâtes et mélanger en ajoutant suffisamment de l'eau de cuisson réservée pour bien les enrober.

PAR PORTION : cal. : 559 ; prot. : 36 g ; m.g. : 14 g (2 g sat.) ; chol. : 175 mg ; gluc. : 69 g ; fibres : 5 g ; sodium : 652 mg.

PENNE À LA TRUITE FUMÉE
et aux asperges

4 PORTIONS

INGRÉDIENTS

12 oz	penne ou autres pâtes courtes (environ 4 t/1 L)	375 g
16 oz	asperges parées, coupées en morceaux de 1 po (2,5 cm)	500 g
1 t	petits pois surgelés	250 ml
1 t	truite (ou saumon) fumée à chaud, défaite en morceaux (environ 8 oz/250 g en tout)	250 ml
¼ t	aneth ou persil frais, haché	60 ml
2 c. à tab	huile d'olive	30 ml
2 c. à tab	raifort en crème	30 ml
¼ t	crème sure légère ou fromage ricotta	60 ml

PRÉPARATION

1. Dans une grande casserole d'eau bouillante salée, cuire les pâtes pendant 7 minutes. Ajouter les asperges et les petits pois et poursuivre la cuisson pendant 2 minutes ou jusqu'à ce que les pâtes soient al dente. Égoutter le mélange de pâtes (réserver 1 t/250 ml de l'eau de cuisson) et le remettre dans la casserole.

2. Dans la casserole, ajouter l'eau de cuisson réservée, la truite fumée, l'aneth, l'huile et le raifort et mélanger pour bien enrober les ingrédients. Garnir chaque portion de crème sure.

PAR PORTION : cal. : 540 ; prot. : 29 g ; m.g. : 13 g (3 g sat.) ; chol. : 20 mg ; gluc. : 81 g ; fibres : 8 g ; sodium : 510 mg.

FILETS DE TILAPIA POÊLÉS,
sauce à la coriandre

Les poissons à chair blanche et délicate comme le tilapia n'ont pas besoin de beaucoup d'assaisonnement. Il suffit de les poêler avec un peu de sel et de poivre pour rehausser leur saveur.

4 PORTIONS

INGRÉDIENTS

¾ t	yogourt nature à 0 % (de type balkan)	180 ml
¼ t	coriandre fraîche, hachée	60 ml
2	oignons verts hachés finement	2
2 c. à thé	zeste de lime râpé	10 ml
2 c. à thé	jus de lime	10 ml
4	filets de tilapia (environ 1 lb/500 g en tout)	4
½ c. à thé	sel	2 ml
½ c. à thé	poivre noir du moulin	2 ml
½ t	farine	125 ml
2 c. à tab	huile d'olive	30 ml
2 c. à tab	beurre non salé	30 ml

PRÉPARATION

1. Dans un bol, mélanger le yogourt, la coriandre, les oignons verts, le zeste et le jus de lime. Réserver.

2. Parsemer chaque côté des filets de poisson du sel et du poivre et les passer dans la farine en les retournant pour bien les enrober (secouer pour enlever l'excédent). Dans un grand poêlon à surface antiadhésive, chauffer l'huile et le beurre à feu moyen-vif. Ajouter les filets de poisson et cuire de 4 à 5 minutes ou jusqu'à ce qu'ils soient dorés et que la chair se défasse facilement à la fourchette (les retourner à la mi-cuisson). Servir le poisson avec la sauce à la coriandre réservée.

PAR PORTION : cal. : 259 ; prot. : 26 g ; m.g. : 15 g (5 g sat.) ; chol. : 73 mg ; gluc. : 7 g ; fibres : 1 g ; sodium : 381 mg.

ACCOMPAGNEMENT EXPRESS — 4 PORTIONS

Courgettes sautées

Dans un grand poêlon, chauffer 1 c. à tab (15 ml) d'huile végétale à feu moyen-vif. Ajouter 3 courgettes coupées en tranches, 1 gousse d'ail hachée, saler et poivrer et cuire, en brassant, pendant environ 3 minutes ou jusqu'à ce que les courgettes aient ramolli. Ajouter 1 oignon vert haché finement et 1 c. à thé de vinaigre de riz et cuire encore 2 minutes ou jusqu'à ce que le liquide soit absorbé.

SAUTÉ DE CREVETTES ⓢ
aux haricots de Lima

On peut préparer ce sauté avec des gourganes ou des edamames écossés surgelés, si désiré.
Pour une touche croquante, parsemer de noix de cajou ou d'arachides non salées.

4 PORTIONS

INGRÉDIENTS

2 t	haricots de Lima surgelés	500 ml
1 c. à tab	vin de riz chinois ou xérès (sherry) sec	15 ml
2 c. à thé	fécule de maïs	10 ml
2 c. à thé	gingembre frais, râpé	10 ml
½ c. à thé	sel	2 ml
½ c. à thé	huile de sésame	2 ml
1	pincée de poivre blanc	1
1 lb	crevettes moyennes, décortiquées et déveinées (41 à 50 crevettes par lb/500 g)	500 g
2 c. à tab	huile d'arachide ou végétale	30 ml
4	oignons verts hachés	4
½	poivron rouge haché	½
⅓ t	bouillon de poulet réduit en sel	80 ml

PRÉPARATION

1. Dans une casserole d'eau bouillante, cuire les haricots de Lima pendant environ 3 minutes ou jusqu'à ce qu'ils soient tendres. À l'aide d'une écumoire, les plonger dans un bol d'eau glacée. Laisser refroidir. Bien égoutter et réserver. Dans un bol, mélanger le vin de riz, la fécule de maïs, le gingembre, la moitié du sel, l'huile de sésame et le poivre. Ajouter les crevettes et mélanger. Réserver.

2. Dans un grand poêlon à surface antiadhésive, chauffer l'huile d'arachide à feu vif. Ajouter les oignons verts et le poivron et cuire, en brassant, pendant 30 secondes. Ajouter la préparation de crevettes réservée et cuire, en brassant, de 1 à 2 minutes ou jusqu'à ce que les crevettes soient rosées. Ajouter les haricots de Lima réservés, le bouillon et le reste du sel et poursuivre la cuisson, en brassant, pendant 2 minutes ou jusqu'à ce que les crevettes soient enrobées.

PAR PORTION : cal. : 310 ; prot. : 30 g ; m.g. : 10 g (2 g sat.) ; chol. : 172 mg ; gluc. : 25 g ; fibres : 5 g ; sodium : 536 mg.

CARI DE CREVETTES
au lait de coco

4 PORTIONS

INGRÉDIENTS

⅔ t	lait de coco	160 ml
1 c. à tab	sauce de poisson	15 ml
1½ c. à thé	cari	7 ml
1 c. à thé	cassonade tassée	5 ml
¼ c. à thé	sel	1 ml
¼ c. à thé	poivre noir du moulin	1 ml
1 lb	grosses crevettes, décortiquées et déveinées (31 à 35 crevettes par lb/500 g)	500 g
1	poivron rouge coupé en dés	1
2	oignons verts hachés	2
¼ t	coriandre fraîche, hachée	60 ml
4	quartiers de lime	4

PRÉPARATION

1. Dans un grand bol, à l'aide d'un fouet, mélanger le lait de coco, la sauce de poisson, le cari, la cassonade, le sel et le poivre. Ajouter les crevettes, le poivron, les oignons verts et la coriandre et mélanger pour bien les enrober. Laisser reposer pendant 5 minutes.

2. Chauffer un grand poêlon à surface antiadhésive à feu moyen-vif. Ajouter la préparation de crevettes et cuire, en brassant, pendant environ 6 minutes ou jusqu'à ce que les crevettes soient rosées. Servir avec les quartiers de lime.

PAR PORTION : cal. : 186 ; prot. : 19 g ; m.g. : 10 g (7 g sat.) ; chol. : 129 mg ; gluc. : 7 g ; fibres : 1 g ; sodium : 626 mg.

**PIZZA AU SAUMON FUMÉ
ET AU CHOU FRISÉ**
page 117

25 minutes

TOFU ENROBÉ DE PANKO
sur salade de brocoli

4 PORTIONS

INGRÉDIENTS

¼ t	filaments de noix de coco non sucrés	60 ml
⅓ t	chapelure japonaise (de type panko)	80 ml
2 c. à thé	graines de coriandre broyées	10 ml
1	œuf	1
¼ t + 2 c. à tab	lait de coco léger	90 ml
½ c. à thé	sel (environ)	2 ml
1	paquet de tofu ferme, égoutté (454 g)	1
2 ½ t	mélange de salade de brocoli	625 ml
1	boîte de haricots noirs, égouttés et rincés (19 oz/540 ml)	1
1	boîte de mandarines sans sucre ajouté (215 ml)	1
2 c. à thé	huile de sésame	10 ml
¼ t	vinaigre de riz	60 ml
¼ c. à thé	sauce tabasco	1 ml
	poivre noir du moulin	

PRÉPARATION

1. Au robot culinaire, moudre finement la noix de coco avec la chapelure et les graines de coriandre. Mettre le mélange de chapelure dans un plat peu profond. Dans un autre plat peu profond, à l'aide d'un fouet, battre l'œuf avec ¼ t (60 ml) du lait de coco et le sel.

2. Couper le tofu en quatre tranches, puis chaque tranche en deux sur le biais de manière à obtenir huit triangles. Éponger le tofu avec des essuie-tout. Tremper les morceaux de tofu dans le mélange d'œuf, puis les passer dans le mélange de chapelure en les retournant pour bien les enrober. Mettre les morceaux de tofu sur une plaque de cuisson tapissée de papier d'aluminium vaporisé d'un enduit végétal antiadhésif. Cuire au four préchauffé à 450°F (230°C) pendant environ 10 minutes ou jusqu'à ce que les morceaux de tofu soient dorés.

3. Entre-temps, dans un grand bol, mélanger la salade de brocoli et les haricots noirs. Égoutter les mandarines en réservant 2 c. à tab (30 ml) du jus. Ajouter le jus des mandarines réservé, l'huile de sésame, le vinaigre de riz, le reste du lait de coco et la sauce tabasco au mélange de brocoli et mélanger pour bien enrober les ingrédients. Ajouter les mandarines et mélanger délicatement. Saler et poivrer. Servir le tofu sur la salade de brocoli.

PAR PORTION : cal. : 325 ; prot. : 19 g ; m.g. : 12 g (5 g sat.) ; chol. : 45 mg ; gluc. : 38 g ; fibres : 11 g ; sodium : 525 mg.

SAUTÉ DE TOFU ÉPICÉ

Pour une version plus piquante, augmenter la quantité de flocons de piment fort à ½ c. à thé (2 ml).

4 PORTIONS

INGRÉDIENTS

1	paquet de tofu extraferme, égoutté et coupé en cubes de 1 po (2,5 cm) (350 g)	1
1 c. à tab	fécule de maïs	15 ml
3 c. à tab	huile végétale	45 ml
3	gousses d'ail hachées finement	3
2	oignons verts coupés en tranches fines, les parties blanche et verte séparées	2
1 c. à tab	gingembre frais, haché finement	15 ml
¼ c. à thé	flocons de piment fort	1 ml
2 c. à tab	pâte de tomates	30 ml
6 t	petits bouquets de brocoli	1,5 L
1 t	bouillon de légumes réduit en sel	250 ml
¼ t	eau	60 ml
1 c. à tab	sauce hoisin	15 ml
2 c. à thé	sauce soja réduite en sel	10 ml

PRÉPARATION

1. Dans un bol, mélanger délicatement le tofu avec la fécule de maïs. Dans un grand poêlon à surface antiadhésive, chauffer l'huile à feu moyen-vif. Ajouter le tofu et cuire, en brassant de temps à autre, pendant environ 8 minutes ou jusqu'à ce qu'il soit doré et croustillant. Laisser égoutter le tofu dans une assiette tapissée d'essuie-tout.

2. Retirer l'huile du poêlon, sauf 2 c. à thé (10 ml). Ajouter l'ail, la partie blanche des oignons verts, le gingembre et les flocons de piment fort et cuire, en brassant, pendant 1 minute. Ajouter la pâte de tomates et cuire, en brassant, pendant 30 secondes. Ajouter le brocoli, le bouillon, l'eau, la sauce hoisin et la sauce soja et cuire, en brassant, pendant 5 minutes ou jusqu'à ce que le brocoli soit tendre mais encore croquant. Ajouter le tofu et la partie verte des oignons verts et réchauffer, en brassant, pendant 1 minute.

PAR PORTION : cal. : 175 ; prot. : 10 g ; m.g. : 9 g (1 g sat.) ; chol. : aucun ; gluc. : 15 g ; fibres : 3 g ; sodium : 320 mg

ASTUCE

Les bouillons (bœuf, poulet ou légumes) sont maintenant offerts en versions classique (très salée), réduite en sel ou sans sel ajouté. Si on surveille notre consommation de sel, il est préférable d'utiliser le bouillon le moins salé possible, pour ensuite saler notre plat au goût.

PENNE AUX ÉPINARDS,
aux tomates et aux portobellos

4 PORTIONS

INGRÉDIENTS

3 c. à tab	huile d'olive	45 ml
3	gousses d'ail hachées finement	3
1	échalote française coupée en dés	1
2	gros champignons portobellos, les pieds enlevés, coupés en tranches fines	2
2 t	tomates raisins coupées en deux	500 ml
12 oz	penne ou autres pâtes courtes de blé entier	375 g
6 t	petites feuilles d'épinards	1,5 L
2 c. à tab	vinaigre de vin rouge	30 ml
½ c. à thé	sel	2 ml
½ c. à thé	poivre noir du moulin	2 ml
3 c. à tab	pignons grillés	45 ml
½ t	parmesan râpé	125 ml

PRÉPARATION

1. Dans un grand poêlon, chauffer l'huile à feu moyen. Ajouter l'ail et l'échalote et cuire, en brassant de temps à autre, de 3 à 4 minutes ou jusqu'à ce qu'ils soient dorés. Ajouter les champignons et cuire, en brassant, pendant environ 4 minutes ou jusqu'à ce qu'ils commencent à ramollir. Ajouter les tomates et cuire à feu moyen-vif de 1 à 2 minutes ou jusqu'à ce que la peau commence à plisser.

2. Entre-temps, dans une grande casserole d'eau bouillante salée, cuire les pâtes jusqu'à ce qu'elles soient al dente. Égoutter les pâtes en réservant ½ t (125 ml) de l'eau de cuisson et les remettre dans la casserole. Ajouter la préparation de champignons, les épinards, le vinaigre de vin, le sel, le poivre, les pignons et ¼ t (60 ml) de l'eau de cuisson réservée et mélanger pour bien enrober les pâtes (au besoin, ajouter le reste de l'eau de cuisson réservée). Servir les pâtes parsemées du parmesan.

PAR PORTION : cal. : 520 ; prot. : 21 g ; m.g. : 20 g (4 g sat.) ; chol. : 11 mg ; gluc. : 72 g ; fibres : 9 g ; sodium : 783 mg.

ASTUCE

Les chapeaux des champignons portobellos ont de grosses lamelles brunes qui, bien que comestibles, peuvent donner un aspect peu attirant au plat. On peut retirer ces lamelles avec une petite cuillère avant de couper les chapeaux. Et si on préfère les petits champignons portobellos (souvent appelés *minibellas*), on en met un de plus que ce qui est demandé.

BRUSCHETTA AU FROMAGE DE CHÈVRE
et aux champignons et salade d'épinards

4 PORTIONS

INGRÉDIENTS

3	gousses d'ail	3
1 c. à tab	beurre	15 ml
1 c. à thé + 4 ½ c. à thé	huile d'olive	27 ml
2	échalotes françaises hachées	2
2 c. à thé	feuilles de thym frais	10 ml
10 oz	champignons mélangés (pleurotes et champignons café), hachés	300 g
⅓ t	tomates cerises coupées en quatre	80 ml
2	oignons verts coupés en tranches	2
⅓ t	fromage de chèvre crémeux, à la température ambiante	80 ml
2 c. à tab	lait	30 ml
1 c. à thé	zeste de citron râpé	5 ml
4	tranches de pain de blé entier de ½ po (1 cm) d'épaisseur	4
1 c. à tab	vinaigre de vin rouge	15 ml
6 t	petites feuilles d'épinards	1,5 L
½ t	cœurs d'artichauts marinés, égouttés et rincés, hachés grossièrement	125 ml
⅓ t	amandes en tranches, grillées	80 ml
	sel et poivre noir du moulin	

PRÉPARATION

1. Hacher 2 des gousses d'ail. Dans un poêlon, faire fondre le beurre avec 1 c. à thé (5 ml) de l'huile à feu moyen. Ajouter l'ail haché, les échalotes et le thym et cuire pendant environ 3 minutes ou jusqu'à ce que les échalotes aient ramolli. Ajouter les champignons et cuire, en brassant de temps à autre, pendant environ 5 minutes ou jusqu'à ce qu'ils soient dorés. Ajouter les tomates et les oignons verts, saler et poivrer et poursuivre la cuisson, en brassant de temps à autre, pendant environ 2 minutes ou jusqu'à ce que la préparation soit chaude. Réserver au chaud dans une assiette.

2. Entre-temps, au mélangeur, mélanger le fromage de chèvre et le lait jusqu'à ce que le mélange soit lisse. Incorporer le zeste de citron. Mettre les tranches de pain sur une plaque de cuisson et les faire griller au four préchauffé à 400°F (200°C) pendant environ 5 minutes ou jusqu'à ce qu'elles soient légèrement dorées — les retourner à la mi-cuisson. Couper la gousse d'ail qui reste en deux et frotter les tranches de pain grillé avec le côté coupé. Étendre la garniture au fromage sur le pain et garnir de la préparation aux champignons réservée.

3. Dans un petit bol, à l'aide d'un fouet, mélanger le reste de l'huile et le vinaigre. Saler et poivrer. Dans un grand bol, mélanger les épinards et les cœurs d'artichauts. Arroser de la vinaigrette et mélanger pour bien enrober les ingrédients. Parsemer des amandes. Servir la bruschetta avec la salade.

PAR PORTION : cal. : 374 ; prot. : 15 g ; m.g. : 22 g (7 g sat.) ; chol. : 18 mg ; gluc. : 34 g ; fibres : 8 g ; sodium : 413 mg.

FRITTATA AUX CHAMPIGNONS
et aux olives

4 PORTIONS

INGRÉDIENTS

1 c. à tab	huile d'olive	15 ml
1 t	champignons café coupés en tranches	250 ml
2 t	bette à carde (ou épinards) hachée grossièrement	500 ml
1	grosse échalote française, coupée en tranches fines	1
6	œufs	6
1 c. à thé	romarin frais, haché finement	5 ml
⅛ c. à thé	sel	0,5 ml
¼ c. à thé	poivre noir du moulin	1 ml
¼ t	olives noires (de type kalamata) hachées	60 ml
⅓ t	parmesan râpé	80 ml

PRÉPARATION

1. Dans un poêlon à surface antiadhésive allant au four, chauffer l'huile à feu moyen. Ajouter les champignons et cuire, en brassant de temps à autre, pendant 2 minutes. Ajouter la bette à carde et l'échalote et cuire, en brassant de temps à autre, pendant environ 4 minutes ou jusqu'à ce que la bette à carde et les champignons aient ramolli.

2. Dans un bol, à l'aide d'un fouet, mélanger les œufs, le romarin, le sel et le poivre. Verser le mélange d'œufs sur les légumes dans le poêlon et cuire à feu moyen pendant 8 minutes ou jusqu'à ce que la frittata ait presque pris (à l'aide d'une spatule, soulever délicatement la bordure de la frittata pour faire glisser les œufs non cuits dessous).

3. Parsemer des olives et du parmesan. Poursuivre la cuisson sous le gril préchauffé du four, à environ 4 po (10 cm) de la source de chaleur, pendant environ 2 minutes ou jusqu'à ce que le dessus de la frittata soit légèrement doré et que le centre ait pris. Laisser reposer pendant 5 minutes avant de couper en pointes.

PAR PORTION : cal. : 165 ; prot. : 12 g ; m.g. : 11 g (3 g sat.) ; chol. : 216 mg ; gluc. : 4 g ; fibres : 1 g ; sodium : 416 mg.

SAUTÉ DE POULET AUX POIVRONS

6 PORTIONS

INGRÉDIENTS

1 ½ lb	hauts de cuisses de poulet désossés, coupés en bouchées	750 g
¼ c. à thé	sel	1 ml
1 c. à tab	huile végétale	15 ml
1	gousse d'ail hachée finement	1
2 c. à thé	gingembre frais, râpé	10 ml
1	oignon haché	1
2	poivrons coupés en bouchées (1 vert et 1 rouge)	2
½ t	sauce au piment chili douce (de type thaï)	125 ml
1 c. à tab	vinaigre de riz	15 ml
2	oignons verts coupés en tranches fines	2

PRÉPARATION

1. Parsemer le poulet du sel. Dans un grand poêlon à surface antiadhésive, chauffer l'huile à feu moyen-vif. Ajouter le poulet et cuire, en brassant, pendant environ 6 minutes ou jusqu'à ce qu'il commence à dorer. Ajouter l'ail et le gingembre et cuire, en brassant, pendant 1 minute. Ajouter l'oignon et les poivrons et cuire, en brassant, pendant 3 minutes (au besoin, ajouter un peu d'eau, 1 c. à tab/15 ml à la fois, pour empêcher les ingrédients de coller).

2. Dans un bol, mélanger la sauce au piment et le vinaigre. Verser ce mélange dans le poêlon et cuire à feu moyen-vif, en brassant souvent, jusqu'à ce que les légumes soient tendres mais encore croquants. Servir le sauté parsemé des oignons verts.

PAR PORTION : cal. : 227 ; prot. : 23 g ; m.g. : 8 g (2 g sat.) ; chol. : 94 mg ; gluc. : 13 g ; fibres : 1 g ; sodium : 355 mg.

POITRINES DE POULET À LA SAUGE
et au prosciutto

Un plat assez chic pour recevoir, à accompagner
d'un délicieux couscous aux pruneaux.

4 PORTIONS

INGRÉDIENTS

4	poitrines de poulet désossées (environ 1 ½ lb/750 g en tout)	4
1	gousse d'ail hachée finement	1
¼ c. à thé	sel	1 ml
¼ c. à thé	poivre noir du moulin	1 ml
8	feuilles de sauge fraîche	8
4	tranches de prosciutto	4
1 c. à tab	huile d'olive	15 ml
½ t	vin blanc sec	125 ml
½ t	bouillon de poulet réduit en sel	125 ml
1 c. à thé	fécule de maïs	5 ml
2 c. à tab	beurre	30 ml
1 c. à tab	jus de citron	15 ml

PRÉPARATION

1. Parsemer chaque côté des poitrines de poulet de l'ail, du sel et du poivre. Mettre deux feuilles de sauge sur chaque poitrine et les envelopper d'une tranche de prosciutto en serrant bien. Dans un grand poêlon, chauffer l'huile à feu moyen. Ajouter les poitrines de poulet, le joint de prosciutto dessous, et les faire dorer pendant 6 minutes (les retourner à la mi-cuisson). Verser le vin et laisser mijoter pendant environ 5 minutes ou jusqu'à ce que le poulet ait perdu sa teinte rosée à l'intérieur. Réserver les poitrines de poulet au chaud dans une assiette.

2. Dans un petit bol, à l'aide d'un fouet, mélanger ¼ t (60 ml) du bouillon et la fécule de maïs. Verser ce mélange dans le poêlon. Ajouter le reste du bouillon, le beurre et le jus de citron et porter à ébullition. Réduire le feu et laisser mijoter, en raclant le fond du poêlon, pendant 2 minutes ou jusqu'à ce que la sauce ait épaissi. Napper les poitrines de poulet réservées de la sauce.

PAR PORTION : cal. : 355 ; prot. : 51 g ; m.g. : 15 g (5 g sat.) ; chol. : 150 mg ; gluc. : 3 g ; fibres : traces ; sodium : 655 mg.

ACCOMPAGNEMENT EXPRESS – 4 PORTIONS

Couscous aux pruneaux

Dans un bol, mélanger 1 t (250 ml) de couscous, ¼ t (60 ml) de pruneaux coupés en dés, ½ c. à thé (2 ml) de thym frais, haché et 1 ½ t (375 ml) d'eau bouillante. Couvrir et laisser reposer pendant 5 minutes. À l'aide d'une fourchette, détacher les grains de couscous. Ajouter ¼ t (60 ml) d'amandes en tranches et mélanger.

SAUTÉ DE POULET ET DE NOUILLES
à l'asiatique

4 PORTIONS

INGRÉDIENTS

⅓ t	bouillon de poulet réduit en sel	80 ml
1 c. à tab	sauce d'huîtres	15 ml
1 c. à thé	fécule de maïs	5 ml
¼ c. à thé	huile de sésame	1 ml
8 oz	nouilles de sarrasin (de type soba)	250 g
1 c. à tab	huile végétale	15 ml
½ lb	poitrines de poulet désossées, coupées en tranches fines	250 g
5 oz	champignons shiitakes frais, les pieds enlevés	150 g
2	gousses d'ail hachées finement	2
1 c. à thé	gingembre frais, haché finement	5 ml
3	bok choys miniatures coupés en deux, puis en tranches sur la longueur	3
1	poivron rouge coupé en tranches fines	1
1	oignon vert coupé en tranches fines	1

PRÉPARATION

1. Dans un bol, à l'aide d'un fouet, mélanger le bouillon, la sauce d'huîtres, la fécule de maïs et l'huile de sésame. Réserver. Dans une grande casserole d'eau bouillante, cuire les nouilles jusqu'à ce qu'elles soient al dente. Égoutter et réserver.

2. Entre-temps, dans un grand poêlon à surface antiadhésive, chauffer 1 c. à thé (5 ml) de l'huile végétale à feu moyen-vif. Ajouter le poulet et cuire, en brassant souvent, pendant environ 3 minutes ou jusqu'à ce qu'il ait perdu sa teinte rosée à l'intérieur. Réserver dans une assiette.

3. Dans le poêlon, chauffer le reste de l'huile végétale. Ajouter les champignons, l'ail et le gingembre et cuire, en brassant, pendant 1 minute. Ajouter les bok choys et le poivron et poursuivre la cuisson, en brassant, pendant 3 minutes ou jusqu'à ce que les légumes soient tendres mais encore croquants. Ajouter le mélange de fécule, les nouilles et le poulet réservés et cuire, en brassant, pendant 1 minute pour bien enrober les ingrédients. Servir chaque portion parsemée de l'oignon vert.

PAR PORTION : cal. : 360 ; prot. : 25 g ; m.g. : 5 g (1 g sat.) ; chol. : 45 mg ; gluc. : 56 g ; fibres : 4 g ; sodium : 675 mg.

VARIANTE

Sauté de tofu et de nouilles à l'asiatique
Remplacer le bouillon de poulet par du bouillon de légumes et le poulet par 12 oz (375 g) de tofu extraferme coupé en tranches.

POULET KUNG PAO

Ce classique de la cuisine chinoise est assez épicé, mais on peut réduire la quantité de sauce au piment si on préfère. À servir sur du riz au jasmin ou des nouilles aux œufs.

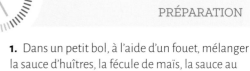

4 PORTIONS

INGRÉDIENTS

2 c. à tab	sauce d'huîtres	30 ml
2 c. à thé	fécule de maïs	10 ml
2 c. à thé	sauce au piment et à l'ail ou pâte de chili asiatique (de type sambal œlek)	10 ml
¼ t + ⅓ t	eau	140 ml
1 c. à tab	huile végétale	15 ml
1 lb	poitrines de poulet désossées, coupées en tranches	500 g
1	oignon coupé en tranches	1
8 oz	haricots verts parés	250 g
2 c. à thé	gingembre frais, râpé	10 ml
2	gousses d'ail hachées finement	2
1	poivron rouge coupé en tranches fines	1
½ t	arachides rôties non salées	125 ml

PRÉPARATION

1. Dans un petit bol, à l'aide d'un fouet, mélanger la sauce d'huîtres, la fécule de maïs, la sauce au piment et ¼ t (60 ml) de l'eau. Réserver.

2. Dans un grand poêlon à surface antiadhésive, chauffer 1 c. à thé (5 ml) de l'huile à feu moyen-vif. Ajouter le poulet et cuire, en brassant, pendant environ 5 minutes ou jusqu'à ce qu'il soit légèrement doré. Réserver dans une assiette.

3. Dans le poêlon, chauffer le reste de l'huile. Ajouter l'oignon, les haricots verts, le gingembre et l'ail et cuire, en brassant, pendant 2 minutes. Ajouter le reste de l'eau, couvrir et cuire à feu moyen pendant environ 3 minutes ou jusqu'à ce que l'eau se soit évaporée. Ajouter le poivron et cuire à feu moyen-vif, en brassant, pendant 3 minutes. Verser la sauce réservée. Remettre le poulet réservé dans le poêlon et poursuivre la cuisson, en brassant, pendant environ 2 minutes ou jusqu'à ce qu'il ait perdu sa teinte rosée à l'intérieur. Parsemer des arachides.

PAR PORTION : cal. : 325 ; prot. : 34 g ; m.g. : 16 g (3 g sat.) ; chol. : 95 mg ; gluc. : 15 g ; fibres : 4 g ; sodium : 355 mg.

VARIANTE

Crevettes Kung Pao

Remplacer le poulet par de grosses crevettes décortiquées et déveinées (21 à 25 crevettes par lb/500 g) et les cuire, en brassant, pendant environ 1 minute ou jusqu'à ce qu'elles soient rosées.

Pour gagner du temps, on peut préparer les nouilles à l'avance. Il suffit de les faire tremper dans l'eau bouillante de 3 à 4 minutes ou jusqu'à ce qu'elles aient ramolli. Égoutter et rincer sous l'eau froide. Elles se conserveront jusqu'à 2 jours au réfrigérateur.

PAD THAÏ AU POULET

4 à 6 PORTIONS

INGRÉDIENTS

½ t	sauce au piment chili douce (de type thaï)	125 ml
⅓ t	sauce au poisson (de type nuoc mam)	80 ml
3 c. à tab	jus de lime	45 ml
1 c. à thé	pâte de chili asiatique (de type sambal œlek) ou sauce tabasco	5 ml
2 c. à tab	huile végétale	30 ml
3	gousses d'ail hachées finement	3
2	poivrons coupés en fines lanières	2
1 lb	poitrines de poulet (ou hauts de cuisses) désossées, coupées en lanières	500 g
2	œufs légèrement battus	2
2 t	fèves germées	500 ml
6	oignons verts hachés finement	6
½ t	coriandre fraîche, hachée finement	125 ml
8 oz	nouilles de riz larges trempées et égouttées	250 g
½ t	arachides non salées hachées grossièrement (facultatif)	125 ml

PRÉPARATION

1. Dans un petit bol, mélanger la sauce au piment, la sauce au poisson, le jus de lime et la pâte de chili. Réserver.

2. Dans un grand poêlon à surface antiadhésive, chauffer 1 c. à tab (15 ml) de l'huile à feu moyen-vif. Ajouter l'ail et les poivrons et cuire, en brassant, pendant environ 4 minutes ou jusqu'à ce qu'ils aient ramolli. Réserver dans une assiette. Chauffer le reste de l'huile dans le poêlon, ajouter le poulet et cuire, en brassant, de 4 à 5 minutes ou jusqu'à ce qu'il soit doré. Réserver avec les poivrons.

3. Dans le poêlon, ajouter les œufs et cuire à feu moyen, en brassant, pendant 1 minute. Ajouter les fèves germées, la moitié des oignons verts et de la coriandre, puis le poulet et les poivrons réservés et les nouilles. Cuire, en brassant, pendant 1 minute. Ajouter le mélange de sauce réservé et cuire pendant 1 minute en soulevant délicatement les nouilles pour bien les enrober. Servir le pad thaï parsemé du reste des oignons verts, de la coriandre et des arachides, si désiré.

PAR PORTION : cal. : 395 ; prot. : 27 g ; m.g. : 9 g (2 g sat.) ; chol. : 115 mg ; gluc. : 52 g ; fibres : 2 g ; sodium : 1 200 mg.

VARIANTE

Pad thaï aux crevettes et au tofu
Remplacer le poulet par 8 oz (250 g) de grosses crevettes crues, décortiquées et déveinées, et 4 oz (125 g) de tofu ferme, épongé et coupé en cubes.

CÔTELETTES DE PORC À L'ORANGE
et haricots verts aux noisettes

Pour une sauce vraiment savoureuse, utiliser du jus d'orange fraîchement pressé.
Ce plat aux agrumes sera aussi délicieux préparé avec des hauts de cuisses ou des poitrines de poulet.

4 PORTIONS

INGRÉDIENTS

4	côtelettes de porc avec l'os (environ 1 ½ lb/750 g en tout)	4
2 c. à thé	huile végétale	10 ml
3	gousses d'ail hachées finement	3
2 c. à thé	gingembre frais, râpé	10 ml
1 t	bouillon de poulet réduit en sel	250 ml
½ t	jus d'orange	125 ml
16 oz	haricots verts parés	500 g
1 c. à tab	huile d'olive	15 ml
2 c. à thé	jus de citron	10 ml
⅓ t	noisettes grillées, hachées	80 ml
	sel et poivre noir du moulin	

PRÉPARATION

1. Saler et poivrer les côtelettes de porc. Dans un grand poêlon à surface antiadhésive, chauffer la moitié de l'huile végétale à feu moyen. Ajouter les côtelettes et cuire de 6 à 8 minutes ou jusqu'à ce qu'elles soient dorées (les retourner à la mi-cuisson). Mettre les côtelettes dans une assiette et couvrir de papier d'aluminium, sans serrer.

2. Retirer le gras du poêlon. Ajouter le reste de l'huile végétale et chauffer à feu moyen. Ajouter 2 des gousses d'ail et le gingembre et cuire, en brassant, pendant 2 minutes. Ajouter le bouillon et le jus d'orange et porter à ébullition. Laisser bouillir, en brassant souvent, pendant environ 5 minutes ou jusqu'à ce que la préparation soit sirupeuse. Remettre les côtelettes de porc et leur jus dans le poêlon et cuire pendant environ 2 minutes ou jusqu'à ce qu'elles soient bien enrobées de chaque côté.

3. Entre-temps, dans une grande casserole d'eau bouillante salée, cuire les haricots verts de 2 à 3 minutes ou jusqu'à ce qu'ils soient tendres mais encore croquants. Égoutter. Dans un grand bol, mélanger les haricots, l'huile d'olive, le jus de citron et le reste de l'ail. Saler et poivrer. Parsemer des noisettes. Servir les côtelettes de porc avec les haricots verts.

PAR PORTION : cal. : 358 ; prot. : 31 g ; m.g. : 21 g (4 g sat.) ; chol. : 77 mg ; gluc. : 14 g ; fibres : 3 g ; sodium : 430 mg.

Faire griller les noix leur donne une saveur riche et intense. Pour de petites quantités, les faire griller à sec (sans ajouter de corps gras) dans un poêlon à feu moyen, en secouant souvent le poêlon, de 3 à 8 minutes ou jusqu'à ce qu'elles soient dorées et dégagent leur arôme. Pour de grandes quantités, étaler les noix sur une plaque de cuisson et les faire griller au four préchauffé à 350°F (180°C) en remuant de temps à autre, de 6 à 8 minutes pour les noix hachées et 10 minutes pour les noix entières ou en gros morceaux. Les étaler ensuite sur une autre plaque pour arrêter la cuisson.

BOULETTES DE PORC
au chou épicé

On peut préparer ces boulettes avec n'importe quelle autre sorte de viande hachée.

4 PORTIONS

INGRÉDIENTS

2 t	mélange de salade de chou râpé	500 ml
2 c. à tab	mayonnaise légère	30 ml
2 c. à thé	jus de lime	10 ml
1 c. à thé	sauce aux piments (de type sriracha)	5 ml
1 lb	porc haché	500 g
¼ t	carotte râpée	60 ml
1 c. à tab	gingembre frais, râpé	15 ml
2	gousses d'ail hachées finement	2
2 c. à thé	huile de sésame	10 ml
1 c. à tab	huile végétale	15 ml
1 c. à tab	sauce hoisin	15 ml
1 c. à tab	eau	15 ml
2 ½ oz	nouilles de riz d'environ ⅛ po (3 mm) de largeur	75 g
8	feuilles de laitue Boston	8
	sel et poivre noir du moulin	

PRÉPARATION

1. Dans un bol, bien mélanger le chou avec la mayonnaise, le jus de lime et la sauce aux piments. Réserver.

2. Dans un autre bol, mélanger le porc haché, la carotte, le gingembre, l'ail et l'huile de sésame. Saler et poivrer. Façonner la préparation en 24 boulettes, environ 1 c. à tab (15 ml) à la fois. Dans un grand poêlon à surface antiadhésive, chauffer l'huile végétale à feu moyen. Ajouter les boulettes de porc et cuire, en brassant de temps à autre, pendant environ 12 minutes ou jusqu'à ce qu'elles soient dorées et aient perdu leur teinte rosée à l'intérieur. Dans un petit bol, à l'aide d'un fouet, mélanger la sauce hoisin et l'eau. Verser ce mélange sur les boulettes de porc et mélanger pour bien les enrober.

3. Entre-temps, dans une grande casserole d'eau bouillante, cuire les nouilles de riz jusqu'à ce qu'elles soient al dente. Égoutter. Répartir les nouilles de riz et la salade de chou réservée sur les feuilles de laitue. Garnir des boulettes de porc.

PAR PORTION : cal. : 393 ; prot. : 23 g ; m.g. : 23 g (7 g sat.) ; chol. : 73 mg ; gluc. : 22 g ; fibres : 2 g ; sodium : 229 mg.

FARFALLE AU PROSCIUTTO ET AUX OLIVES

Pour éviter que ce plat ne soit trop salé (à cause des olives et du prosciutto),
il est important d'utiliser du beurre non salé.

4 à 6 PORTIONS

INGRÉDIENTS

2 c. à tab	beurre non salé	30 ml
4 oz	tranches fines de prosciutto coupées en dés	125 g
10	olives noires hachées	10
¼ t	vin blanc sec	60 ml
1 t	coulis de tomates (de type passata)	250 ml
⅓ t	crème à 35 %	80 ml
¼ c. à thé	poivre noir du moulin	1 ml
12 oz	farfalle ou autres pâtes courtes (environ 5 t/1,25 L)	375 g
1 c. à tab	origan frais, haché	15 ml

PRÉPARATION

1. Dans un grand poêlon, faire fondre le beurre à feu moyen. Ajouter le prosciutto et cuire, en brassant, pendant environ 3 minutes ou jusqu'à ce qu'il commence à devenir croustillant. Ajouter les olives et cuire pendant 1 minute. Ajouter le vin et cuire, en brassant de temps à autre, pendant environ 2 minutes ou jusqu'à ce qu'il se soit évaporé. Ajouter le coulis de tomates, la crème et le poivre et laisser mijoter, en brassant de temps à autre, pendant 5 minutes.

2. Entre-temps, dans une grande casserole d'eau bouillante salée, cuire les pâtes jusqu'à ce qu'elles soient al dente. Les égoutter en réservant 1 t (250 ml) de l'eau de cuisson et les remettre dans la casserole. Ajouter la préparation de tomates et l'origan et mélanger en ajoutant suffisamment de l'eau de cuisson réservée pour bien enrober les pâtes. Réchauffer pendant 1 minute.

PAR PORTION : cal. : 353 ; prot. : 12 g ; m.g. : 13 g (6 g sat.) ; chol. : 47 mg ; gluc. : 45 g ; fibres : 3 g ; sodium : 802 mg.

HAMBURGERS DE PORC ET DE CHORIZO

Ces hamburgers sont préparés avec des saucisses fraîches de type chorizo, qui sont assez douces.
À ne pas confondre avec les saucissons chorizo secs, qui peuvent être très piquants.

4 PORTIONS

INGRÉDIENTS

¼ t	mayonnaise légère	60 ml
1	gousse d'ail hachée finement	1
1	petit oignon espagnol, coupé en tranches de ½ po (1 cm) d'épaisseur	1
1	poivron rouge coupé en quatre	1
¾ lb	porc haché maigre	375 g
4 oz	saucisses fraîches (de type chorizo), la peau enlevée (environ 2 saucisses)	125 g
½	oignon râpé	½
¼ t	persil frais, haché	60 ml
½ c. à thé	paprika	2 ml
½ t	fromage manchego ou cheddar fort, râpé	125 ml
4	pains à hamburger de blé entier grillés	4
	sel et poivre noir du moulin	

PRÉPARATION

1. Dans un bol, mélanger la mayonnaise et l'ail. Réserver. Déposer les tranches d'oignon et les quartiers de poivron sur une plaque de cuisson tapissée de papier d'aluminium. Réserver. Dans un bol, mélanger le porc haché, la chair des saucisses, l'oignon râpé, le persil et le paprika. Saler et poivrer. Façonner la préparation de porc en quatre pâtés de ½ po (1 cm) d'épaisseur. Mettre les pâtés sur une autre plaque de cuisson tapissée de papier d'aluminium.

2. Déposer les plaques de cuisson au centre du four préchauffé à 400° F (200° C) et cuire pendant 15 minutes ou jusqu'à ce que les pâtés aient perdu leur teinte rosée à l'intérieur et que les légumes soient tendres mais encore légèrement croquants (les retourner à la mi-cuisson). Parsemer les pâtés du fromage et poursuivre la cuisson au four pendant environ 1 minute ou jusqu'à ce qu'il ait fondu. Tartiner l'intérieur des pains de la mayonnaise réservée et y déposer les pâtés. Garnir des légumes grillés.

PAR PORTION : cal. : 464 ; prot. : 32 g ; m.g. : 23 g (8 g sat.) ; chol. : 94 mg ; gluc. : 36 g ; fibres : 5 g ; sodium : 1176 mg.

BIFTECKS À L'ITALIENNE

Avec sa sauce abondante, ce bifteck se sert bien sur des spaghettis ou d'autres pâtes longues.

4 PORTIONS

INGRÉDIENTS

2	biftecks d'intérieur de ronde coupés en deux (environ 1 ½ lb/ 750 g en tout)	2
¼ t	farine	60 ml
½ c. à thé	sel	2 ml
½ c. à thé	poivre noir du moulin	2 ml
2 c. à tab	huile d'olive	30 ml
3	gousses d'ail broyées	3
¼ c. à thé	flocons de piment fort	1 ml
⅓ t	vin rouge	80 ml
1	boîte de tomates entières (28 oz/796 ml)	1
8	feuilles de basilic frais	8
¼ c. à thé	origan séché	1 ml

PRÉPARATION

1. Mettre les biftecks entre deux pellicules de plastique et, à l'aide d'un maillet, les aplatir à environ ½ po (1 cm) d'épaisseur. Dans un plat peu profond, mélanger la farine avec la moitié du sel et du poivre. Passer les biftecks dans le mélange de farine en les retournant pour bien les enrober. Dans une casserole peu profonde, chauffer l'huile à feu moyen-vif. Ajouter les biftecks et les faire dorer pendant environ 2 minutes (les retourner à la mi-cuisson). Réserver dans une assiette.

2. Dans la casserole, ajouter l'ail et les flocons de piment fort et cuire à feu moyen, en brassant, pendant 30 secondes. Ajouter le vin et laisser mijoter, en raclant le fond de la casserole pour en détacher les particules, pendant 1 minute. Ajouter les tomates, en les défaisant avec une cuillère de bois, le basilic, l'origan et le reste du sel et du poivre et porter à ébullition. Réduire le feu et laisser mijoter pendant environ 5 minutes ou jusqu'à ce que la sauce ait épaissi. Remettre les biftecks réservés et leur jus dans la casserole et laisser mijoter pendant 4 minutes.

PAR PORTION : cal. : 318 ; prot. : 41 g ; m.g. : 11 g (3 g sat.) ; chol. : 87 mg ; gluc. : 11 g ; fibres : 2 g ; sodium : 435 mg.

SAUTÉ DE BŒUF AU BROCOLI
sur riz brun

4 PORTIONS

INGRÉDIENTS

1 t	riz brun à cuisson rapide	250 ml
2 c. à thé	huile de canola	10 ml
¾ lb	bifteck de flanc coupé en tranches fines	375 g
¼ c. à thé	sel	1 ml
¼ c. à thé	poivre noir du moulin	1 ml
1 c. à tab	gingembre frais, haché finement	15 ml
3	gousses d'ail hachées finement	3
6 t	bouquets de brocoli	1,5 L
½ t	bouillon de bœuf réduit en sel	125 ml
1	carotte coupée en tranches fines sur le biais	1
1 c. à tab	sauce d'huîtres	15 ml

PRÉPARATION

1. Dans une casserole d'eau bouillante salée, cuire le riz jusqu'à ce qu'il soit tendre. Entre-temps, dans un grand poêlon à surface antiadhésive, chauffer 1 c. à thé (5 ml) de l'huile à feu moyen-vif. Ajouter le bifteck et la moitié du sel et du poivre et cuire, en brassant, pendant environ 3 minutes ou jusqu'à ce qu'il soit doré. Réserver dans une assiette.

2. Dans le poêlon, ajouter le reste de l'huile, le gingembre et l'ail et cuire, en brassant, pendant 1 minute. Ajouter le brocoli et cuire, en brassant, pendant 1 minute. Verser le bouillon, réduire à feu moyen, couvrir et cuire pendant environ 3 minutes ou jusqu'à ce que le brocoli soit tendre. Ajouter la carotte, la sauce d'huîtres et le reste du sel et du poivre et poursuivre la cuisson, en brassant, pendant environ 2 minutes ou jusqu'à ce que la carotte soit tendre, mais encore croquante. Servir le sauté sur le riz brun.

PAR PORTION : cal. : 380 ; prot. : 26 g ; m.g. : 11 g (3 g sat.) ; chol. : 40 mg ; gluc. : 46 g ; fibres : 4 g ; sodium : 443 mg.

ROULADES DE LAITUE AU BŒUF ÉPICÉ

4 PORTIONS

INGRÉDIENTS

1 lb	bifteck de haut de surlonge	500 g
2 c. à thé + 2 c. à tab	huile de canola	40 ml
3 c. à tab	jus de lime	45 ml
2 c. à thé	sauce au piment et à l'ail	10 ml
1 c. à thé	gingembre frais, râpé	5 ml
1 c. à thé	miel liquide	5 ml
1 c. à thé	sauce soja réduite en sel	5 ml
1 c. à thé	huile de sésame	5 ml
1	poivron rouge coupé en tranches fines	1
1 t	carotte coupée en julienne	250 ml
1 t	concombre anglais coupé en julienne	250 ml
2	oignons verts coupés en tranches fines	2
12	grandes feuilles de laitue (iceberg, romaine ou Boston)	12
	sel et poivre noir du moulin	

PRÉPARATION

1. Saler et poivrer le bifteck. Dans un grand poêlon à surface antiadhésive, chauffer 2 c. à thé (10 ml) de l'huile de canola à feu moyen-vif. Ajouter le bifteck et cuire pendant environ 8 minutes pour une viande mi-saignante ou jusqu'au degré de cuisson désiré (retourner le bifteck à la mi-cuisson). Mettre le bifteck sur une planche à découper et le couvrir de papier d'aluminium, sans serrer. Laisser reposer pendant 5 minutes, puis couper le bifteck en tranches fines.

2. Entre-temps, dans un bol, à l'aide d'un fouet, mélanger le jus de lime, le reste de l'huile de canola, la sauce au piment, le gingembre, le miel, la sauce soja et l'huile de sésame. Saler et poivrer. Ajouter le poivron, la carotte, le concombre et les oignons verts et mélanger. (On peut préparer la garniture à l'avance et répartir les légumes et le bifteck dans des contenants hermétiques séparés. Ils se conserveront jusqu'au lendemain au réfrigérateur.)

3. Au moment de servir, mélanger les légumes avec le bifteck. Garnir les feuilles de laitue de la garniture.

PAR PORTION : cal. : 251 ; prot. : 24 g ; m.g. : 13 g (3 g sat.) ; chol. : 53 mg ; gluc. : 10 g ; fibres : 2 g ; sodium : 279 mg.

ASTUCE

Excellentes servies froides, les roulades s'apportent bien en lunch. On peut aussi les manger chaudes, en réchauffant le bifteck au micro-ondes. Mais dans ce cas, il est important de ne mélanger les légumes et le bifteck qu'au moment de garnir, car l'acidité de la vinaigrette ferait cuire davantage la viande. Pour conserver la laitue croustillante, l'envelopper dans des essuie-tout humides et la mettre dans un contenant hermétique ou un sac de plastique.

CREVETTES AIGRES-DOUCES GRILLÉES
et riz au lait de coco

4 PORTIONS

INGRÉDIENTS

2 c. à tab	beurre	30 ml
3	échalotes françaises coupées en tranches fines	3
2	gousses d'ail hachées finement	2
2 c. à tab + 1 c. à thé	gingembre frais, râpé	35 ml
1 t	riz au jasmin	250 ml
1 t	lait de coco	250 ml
½ t	eau	125 ml
¼ c. à thé	sel	1 ml
2 c. à tab	jus de lime	30 ml
2 c. à tab	sauce au poisson (de type nuoc mam)	30 ml
1 c. à tab	sucre	15 ml
1 lb	grosses crevettes décortiquées et déveinées (21 à 25 crevettes par lb/500 g)	500 g
4	tranches d'ananas frais de ½ po (1 cm) d'épaisseur	4

PRÉPARATION

1. Dans une casserole, faire fondre le beurre à feu moyen. Ajouter les échalotes, l'ail et 2 c. à tab (30 ml) du gingembre et cuire, en brassant de temps à autre, pendant 4 minutes. Ajouter le riz et cuire, en brassant, pendant 2 minutes. Ajouter le lait de coco, l'eau et le sel et mélanger. Porter à ébullition. Réduire à feu doux, couvrir et cuire de 10 à 12 minutes ou jusqu'à ce que le riz soit tendre et que le liquide ait été absorbé.

2. Entre-temps, dans un bol, à l'aide d'un fouet, mélanger le jus de lime, la sauce au poisson, le sucre et le reste du gingembre. Réserver. Mettre les crevettes et les tranches d'ananas sur une grille placée sur une plaque de cuisson tapissée de papier d'aluminium. Cuire sous le gril préchauffé du four pendant environ 6 minutes ou jusqu'à ce que les crevettes soient rosées et que l'ananas soit doré (les badigeonner du mélange de jus de lime réservé et les retourner à la mi-cuisson). Servir les crevettes et l'ananas sur le riz.

PAR PORTION : cal. : 489 ; prot. : 23 g ; m.g. : 20 g (15 g sat.) ; chol. : 145 mg ; gluc. : 56 g ; fibres : 3 g ; sodium : 671 mg.

RIZ AUX CREVETTES ET AUX PETITS POIS

Notre secret pour obtenir du riz bien gonflé avec des grains détachés :
on le rince avant de l'utiliser pour enlever le surplus d'amidon.

4 PORTIONS

INGRÉDIENTS

1 c. à tab	beurre	15 ml
1	oignon haché	1
2	gousses d'ail hachées finement	2
½ c. à thé	coriandre moulue	2 ml
½ c. à thé	cumin moulu	2 ml
¼ c. à thé	clou de girofle moulu	1 ml
1	pincée de curcuma	1
1 t	riz basmati, rincé et égoutté	250 ml
1	feuille de laurier	1
1 t	bouillon de poulet réduit en sel	250 ml
1 t	eau	250 ml
¾ lb	grosses crevettes, décortiquées et déveinées (21 à 25 crevettes par lb/500 g)	375 g
2 c. à thé	huile végétale	10 ml
1 t	petits pois surgelés	250 ml
⅓ t	coriandre fraîche, hachée	80 ml
1 c. à tab	jus de lime	15 ml
	sel et poivre noir du moulin	

PRÉPARATION

1. Dans une casserole, faire fondre le beurre à feu moyen. Ajouter l'oignon et l'ail et cuire, en brassant souvent, pendant 5 minutes. Ajouter la moitié de la coriandre moulue et du cumin, le clou de girofle et le curcuma. Saler et poivrer. Cuire, en brassant, pendant 30 secondes. Ajouter le riz, la feuille de laurier, le bouillon et l'eau et mélanger. Porter à ébullition. Réduire le feu, couvrir et cuire de 10 à 12 minutes ou jusqu'à ce que le riz soit tendre et que le liquide ait été absorbé. Retirer la casserole du feu et laisser reposer, à couvert, pendant 5 minutes. Détacher les grains de riz avec une fourchette. Retirer la feuille de laurier.

2. Entre-temps, dans un bol, mélanger les crevettes avec le reste de la coriandre moulue et du cumin. Dans un grand poêlon à surface antiadhésive, chauffer l'huile à feu moyen. Ajouter les crevettes et les petits pois et cuire, en brassant de temps à autre, pendant environ 5 minutes ou jusqu'à ce que les crevettes soient rosées. Ajouter la préparation de riz, la coriandre fraîche et le jus de lime et mélanger délicatement pour bien enrober les ingrédients.

PAR PORTION : cal. : 328 ; prot. : 20 g ; m.g. : 7 g (2 g sat.) ; chol. : 107 mg ; gluc. : 46 g ; fibres : 3 g ; sodium : 293 mg.

VARIANTE

Riz au poulet et aux petits pois
Remplacer les crevettes par 1 lb (500 g) de poitrines de poulet ou de hauts de cuisses désossés, coupés en dés, et cuire jusqu'à ce que le poulet ait perdu sa teinte rosée à l'intérieur.

Bon à savoir : la plupart des crevettes dites fraîches, vendues au comptoir de la poissonnerie, ont déjà été congelées et décongelées (seules celles vendues avec la tête n'ont jamais été congelées). Résultat : on ne peut pas les recongeler et on ne sait pas depuis quand elles sont décongelées. Il vaut donc mieux les acheter surgelées : on contrôle ainsi mieux leur fraîcheur.

PENNE AUX TOMATES
et aux fruits de mer

Des crevettes, des pétoncles et de bons légumes composent la sauce de ce petit régal de la mer.
En le préparant avec des pâtes de blé entier, on augmente sa teneur en fibres.

4 PORTIONS

INGRÉDIENTS

8 oz	penne ou autres pâtes courtes de blé entier	250 g
2 c. à thé	huile d'olive	10 ml
3	échalotes françaises hachées	3
2	poireaux, les parties blanche et vert pâle seulement, coupés en deux sur la longueur, puis en tranches fines	2
3	gousses d'ail hachées finement	3
2 t	tomates en dés en conserve sans sel ajouté	500 ml
1 c. à thé	origan séché	5 ml
1	pincée de flocons de piment fort	1
6 oz	gros pétoncles coupés en deux horizontalement	180 g
6 oz	grosses crevettes décortiquées et déveinées, coupées en deux sur la longueur (21 à 25 crevettes par lb/500 g)	180 g
6 t	petites feuilles d'épinards, tassées	1,5 L
⅓ t	parmesan râpé	80 ml
¼ t	basilic frais, haché	60 ml
	sel et poivre noir du moulin	

PRÉPARATION

1. Dans une grande casserole d'eau bouillante salée, cuire les pâtes jusqu'à ce qu'elles soient al dente. Égoutter les pâtes en réservant ¼ t (60 ml) de l'eau de cuisson.

2. Entre-temps, dans un grand poêlon à surface antiadhésive, chauffer l'huile à feu moyen. Ajouter les échalotes, les poireaux et l'ail et cuire, en brassant de temps à autre, pendant environ 5 minutes ou jusqu'à ce qu'ils aient ramolli. Ajouter les tomates, l'origan et les flocons de piment fort. Saler, poivrer et laisser mijoter pendant 5 minutes.

3. Ajouter les pétoncles et les crevettes à la préparation de tomates et cuire, en brassant de temps à autre, pendant environ 3 minutes ou jusqu'à ce que les crevettes soient rosées et que les pétoncles soient opaques. Ajouter les pâtes et les épinards et mélanger en ajoutant suffisamment de l'eau de cuisson réservée pour bien les enrober. Cuire pendant environ 2 minutes ou jusqu'à ce que les épinards aient ramolli. Servir les pâtes parsemées du parmesan et du basilic.

PAR PORTION : cal.: 385 ; prot.: 28 g ; m.g.: 7 g (2 g sat.); chol.: 70 mg ; gluc.: 58 g ; fibres : 8 g ; sodium : 305 mg.

PÉTONCLES AU CARI
et poireaux à la crème

Mijotés dans une sauce à la crème, ces poireaux font un à-côté raffiné qui se marie parfaitement à la délicatesse des pétoncles. Un plat de réception facile, à servir avec du riz et une salade verte.

4 PORTIONS

INGRÉDIENTS

2 c. à tab	beurre	30 ml
4	poireaux, les parties blanche et vert pâle seulement, hachés	4
⅓ t	eau	80 ml
½ c. à thé	poivre noir du moulin	2 ml
½ c. à thé	sel	2 ml
½ t	crème à 35 %	125 ml
1	pincée de muscade moulue	1
12	gros pétoncles	12
½ c. à thé	cari	2 ml
1 c. à tab	huile d'olive	15 ml

PRÉPARATION

1. Dans une casserole, faire fondre le beurre à feu moyen-vif. Ajouter les poireaux, l'eau, le poivre et la moitié du sel. Cuire, en brassant de temps à autre, pendant environ 10 minutes ou jusqu'à ce que les poireaux soient tendres. Réduire à feu doux, ajouter la crème et la muscade et mélanger. Couvrir et poursuivre la cuisson pendant 5 minutes ou jusqu'à ce que la préparation ait épaissi.

2. Entre-temps, éponger les pétoncles avec des essuie-tout et les parsemer du cari et du reste du sel. Dans un poêlon, chauffer l'huile à feu moyen-vif. Ajouter les pétoncles et cuire pendant environ 5 minutes ou jusqu'à ce qu'ils soient dorés à l'extérieur et opaques à l'intérieur (les retourner à la mi-cuisson). Servir les pétoncles avec les poireaux.

PAR PORTION : cal. : 314 ; prot. : 22 g ; m.g. : 21 g (11 g sat.) ; chol. : 100 mg ; gluc. : 10 g ; fibres : 1 g ; sodium : 583 mg.

VARIANTE

Crevettes au cari et poireaux à la crème
Remplacer les pétoncles par le même nombre de grosses crevettes (12 à 15 par lb/500 g).

FILETS DE SAUMON AUX CÂPRES
sur purée de pommes de terre

Pour faire différent, on peut essayer cette recette avec des filets de sole ou des pétoncles.
À servir avec des quartiers de citron.

4 PORTIONS

INGRÉDIENTS

20 oz	pommes de terre à chair jaune (de type Yukon Gold), pelées et coupées en cubes	625 g
½ t	lait	125 ml
⅓ t	persil frais, haché	80 ml
2 c. à tab + 2 c. à thé	huile d'olive	40 ml
4	filets de saumon sans la peau (environ 1 lb/500 g en tout)	4
2 c. à tab	beurre	30 ml
1 c. à tab	câpres rincées et égouttées, hachées	15 ml
2 c. à tab	jus de citron	30 ml
	sel et poivre noir du moulin	

PRÉPARATION

1. Dans une grande casserole d'eau bouillante salée, cuire les pommes de terre pendant environ 10 minutes ou jusqu'à ce qu'elles soient tendres. Les égoutter en réservant ½ t (125 ml) de l'eau de cuisson et les remettre dans la casserole. À l'aide d'un presse-purée, réduire les pommes de terre en purée avec le lait, le persil et 2 c. à tab (30 ml) de l'huile. Saler, poivrer et ajouter suffisamment de l'eau de cuisson réservée pour obtenir une purée légère. Réserver au chaud.

2. Entre-temps, saler et poivrer les filets de saumon. Dans un poêlon à surface antiadhésive, chauffer le reste de l'huile à feu moyen. Ajouter les filets de saumon et cuire pendant environ 8 minutes ou jusqu'à ce que la chair du poisson se défasse facilement à la fourchette (les retourner à la mi-cuisson). Réserver au chaud dans une assiette.

3. Dans le poêlon, ajouter le beurre et le faire dorer, en tournant le poêlon. Ajouter les câpres et cuire pendant 1 minute. Retirer le poêlon du feu, ajouter le jus de citron et mélanger. Arroser les filets de saumon réservés de ce beurre. Servir le saumon sur la purée de pommes de terre réservée.

PAR PORTION : cal. : 475 ; prot. : 26 g ; m.g. : 28 g (8 g sat.) ; chol. : 85 mg ; gluc. : 30 g ; fibres : 2 g ; sodium : 708 mg.

PIZZA AU SAUMON FUMÉ
et au chou frisé

Le chou frisé (*kale*) miniature, plus tendre et sucré que le chou frisé ordinaire, ajoute une irrésistible touche de fraîcheur **(photo, p. 78)**.

4 à 6 PORTIONS

INGRÉDIENTS

1	paquet de pâte à pizza du commerce (350 g)	1
1 c. à tab + 1 c. à thé	huile d'olive	20 ml
½ t	fromage à la crème ramolli	125 ml
5 c. à thé	jus de citron	25 ml
1 c. à tab	lait	15 ml
5 oz	tranches fines de saumon fumé	150 g
¼ t	oignon rouge coupé en tranches fines	60 ml
2 c. à thé	câpres rincées et hachées	10 ml
2 c. à thé	ciboulette fraîche, hachée	10 ml
½ c. à thé	grains de poivre rose broyés	2 ml
2 ½ t	chou frisé miniature (*kale*) légèrement tassé	625 ml
	sel et poivre noir du moulin	

PRÉPARATION

1. Sur une surface légèrement farinée, abaisser la pâte en un cercle de 11 po (28 cm) de diamètre. Déposer la croûte sur une plaque à pizza huilée et la piquer sur toute sa surface avec une fourchette. Badigeonner la croûte de 1 c. à tab (15 ml) de l'huile et poivrer. Cuire dans le tiers inférieur du four préchauffé à 500°F (260°C) pendant environ 12 minutes ou jusqu'à ce que la croûte soit dorée et croustillante. Laisser refroidir.

2. Entre-temps, dans un bol, mélanger le fromage à la crème, 2 c. à thé (10 ml) du jus de citron et le lait. Étendre ce mélange sur la croûte refroidie. Garnir du saumon fumé, de l'oignon, des câpres et de la ciboulette. Parsemer du poivre rose et arroser de 2 c. à thé (10 ml) du jus de citron.

3. Dans un bol, à l'aide d'un fouet, mélanger le reste de l'huile et du jus de citron. Saler et poivrer. Ajouter le chou frisé et mélanger pour bien l'enrober. Garnir la pizza du chou frisé.

PAR PORTION : cal. : 297 ; prot. : 11 g ; m.g. : 15 g (5 g sat.) ; chol. : 28 mg ; gluc. : 31 g ; fibres : 2 g ; sodium : 579 mg.

**PILONS DE POULET AU MIEL
ET AU SÉSAME**

page 125

30 minutes

QUINOA AUX LÉGUMES SAUTÉS

À servir en plat principal pour quatre ou en accompagnement pour six.

4 PORTIONS

INGRÉDIENTS

2 t	eau	500 ml
1 t	quinoa rincé et égoutté	250 ml
2 c. à thé	huile d'olive	10 ml
1	petit oignon, haché finement	1
3	gousses d'ail hachées finement	3
2 c. à thé	coriandre moulue	10 ml
2 c. à thé	cumin moulu	10 ml
1	paquet de champignons café coupés en tranches (8 oz/227 g)	1
6 t	chou frisé (*kale*), les tiges enlevées, coupé en tranches fines	1,5 L
1	poivron rouge coupé en dés	1
1 t	pois chiches en conserve, égouttés et rincés	250 ml
½ t	bouillon de légumes réduit en sel	125 ml
¼ c. à thé	sel	1 ml
¼ c. à thé	poivre noir du moulin	1 ml
1 c. à tab	jus de citron	15 ml
2 c. à tab	amandes en tranches, grillées	30 ml

PRÉPARATION

1. Verser l'eau dans une casserole et porter à ébullition. Ajouter le quinoa, réduire le feu, couvrir et cuire pendant environ 15 minutes ou jusqu'à ce que le liquide ait été complètement absorbé. Retirer la casserole du feu. Laisser reposer à couvert pendant 5 minutes. Détacher les grains à l'aide d'une fourchette. Réserver au chaud.

2. Entre-temps, dans un grand poêlon à surface antiadhésive, chauffer l'huile à feu moyen. Ajouter l'oignon, l'ail, la coriandre et le cumin et cuire, en brassant, pendant 4 minutes. Ajouter les champignons et cuire, en brassant, pendant encore 4 minutes. Ajouter le chou frisé, le poivron, les pois chiches, le bouillon, le sel et le poivre et cuire, en brassant, pendant environ 4 minutes ou jusqu'à ce que le chou frisé ait ramolli et que les légumes soient tendres mais encore croquants. Ajouter le jus de citron et mélanger. Servir le quinoa réservé garni de la préparation de légumes. Parsemer des amandes.

PAR PORTION : cal. : 337 ; prot. : 14 g ; m.g. : 8 g (1 g sat.) ; chol. : 396 mg ; gluc. : 57 g ; fibres : 11 g ; sodium : 396 mg.

ASTUCE

Les grains de quinoa possèdent une enveloppe protectrice naturelle, la saponine, qui est légèrement amère au goût. Même si le quinoa qu'on trouve sur le marché est habituellement prêt à être utilisé, on conseille de bien le rincer à l'eau froide, puis de l'égoutter, pour éliminer toute trace d'amertume avant de le cuisiner.

GNOCCHIS DE RICOTTA
aux betteraves sautées

4 PORTIONS

INGRÉDIENTS

1	contenant de fromage ricotta extra-fin (475 g)	1
1 ¾ t	farine	430 ml
2	œufs battus	2
½ t	parmesan râpé finement	125 ml
¼ c. à thé + ⅛ c. à thé	sel	1,5 ml
2 c. à tab	huile d'olive	30 ml
2	gousses d'ail coupées en tranches fines	2
6	petites betteraves jaunes (environ 2 po/5 cm de diamètre), pelées et coupées en deux, puis en tranches fines	6
2 t	feuilles de betteraves hachées, légèrement tassées	500 ml
⅔ t	noix de Grenoble grillées, hachées	160 ml

PRÉPARATION

1. Dans un bol, mélanger le fromage ricotta, la farine, les œufs, le parmesan et ¼ c. à thé (1 ml) du sel jusqu'à ce que le mélange forme une pâte grossière. Sur une surface légèrement farinée, diviser la pâte en quatre portions. Avec les mains farinées, façonner une portion de pâte en un cordon de ¾ po (2 cm) d'épaisseur, puis le couper en morceaux de ¾ po (2 cm). Déposer les gnocchis sur une plaque de cuisson tapissée de papier ciré fariné. Répéter avec le reste de la pâte. Dans une grande casserole d'eau bouillante salée, cuire les gnocchis, en deux fois, pendant environ 3 minutes ou jusqu'à ce qu'ils flottent à la surface et ne soient plus pâteux au centre. Réserver au chaud.

2. Dans un grand poêlon, chauffer l'huile à feu moyen. Ajouter l'ail et cuire, en brassant, pendant environ 1 minute ou jusqu'à ce qu'il soit doré. Ajouter les betteraves et cuire, en brassant de temps à autre, pendant environ 8 minutes ou jusqu'à ce qu'elles soient tendres mais encore croquantes. Ajouter les gnocchis réservés, les feuilles de betteraves, les noix de Grenoble et le reste du sel et cuire, en brassant de temps à autre, pendant environ 2 minutes ou jusqu'à ce que les feuilles de betteraves aient ramolli et que les gnocchis soient chauds.

PAR PORTION : cal. : 687 ; prot. : 30 g ; m.g. : 40 g (15 g sat.) ; chol. : 132 mg ; gluc. : 54 g ; fibres : 5 g ; sodium : 1035 mg.

ASTUCE

On ne trouve pas de botte de betteraves avec leurs feuilles ? On peut les remplacer par la même quantité de feuilles de bette à carde hachées. Et si on n'a pas de petites betteraves, trois betteraves moyennes (3 ½ po/9 cm de diamètre) feront l'affaire. Il suffit de les couper en quartiers, puis en tranches fines.

TOSTADAS AUX LÉGUMES GRILLÉS

Comme la recette donne deux fois plus de garniture qu'il n'en faut, le reste peut être utilisé comme trempette avec des pointes de tortillas grillées ou des croustilles de maïs.

4 PORTIONS

INGRÉDIENTS

1 c. à thé + 2 c. à tab	huile d'olive	35 ml
2	gousses d'ail hachées finement	2
1 c. à thé	assaisonnement au chili	5 ml
1 c. à thé	cumin moulu	5 ml
1	boîte de haricots rouges, égouttés et rincés (19 oz/540 ml)	1
¼ t	jus de lime	60 ml
¼ c. à thé	sauce au piment de Cayenne (de type Frank's RedHot)	1 ml
1	oignon doux (de type Vidalia), coupé en rondelles	1
1	poivron rouge coupé en morceaux de 2 po (5 cm)	1
2	courgettes coupées sur la longueur en tranches de ½ po (1 cm) d'épaisseur	2
4	petites tortillas de farine blanche ou de maïs	4
1	avocat coupé en tranches	1
	sel et poivre noir du moulin	

PRÉPARATION

1. Dans une petite casserole, chauffer 1 c. à thé (5 ml) de l'huile à feu moyen. Ajouter l'ail et la moitié de l'assaisonnement au chili et du cumin et cuire à feu moyen, en brassant souvent, pendant 1 minute. Ajouter les haricots rouges, la moitié du jus de lime et la sauce au piment. Saler, poivrer et cuire, en brassant et en défaisant les haricots à l'aide d'une cuillère de bois, pendant environ 2 minutes ou jusqu'à ce que la garniture soit chaude. Couvrir et réserver au chaud.

2. Réserver 1 c. à thé (5 ml) de l'huile. Dans un bol, mélanger le reste de l'huile, du jus de lime, de l'assaisonnement au chili et du cumin. Saler et poivrer. Ajouter l'oignon, le poivron et les courgettes et mélanger pour bien les enrober. Étendre les légumes sur une plaque de cuisson tapissée de papier-parchemin. Cuire au four préchauffé à 425°F (220°C) pendant environ 10 minutes ou jusqu'à ce que les légumes soient tendres mais encore croquants (les retourner à la mi-cuisson).

3. Entre-temps, badigeonner chaque côté des tortillas de l'huile réservée et les mettre sur une autre plaque de cuisson tapissée de papier-parchemin. Cuire au four pendant environ 2 minutes ou jusqu'à ce qu'elles soient croustillantes (les retourner à la mi-cuisson). Étendre la moitié de la garniture de haricots réservée sur les tortillas (réserver le reste pour un usage ultérieur). Garnir des légumes grillés et de l'avocat.

PAR PORTION : cal. : 332 ; prot. : 8 g ; m.g. : 17 g (2 g sat.) ; chol. : aucun ; gluc. : 41 g ; fibres : 10 g ; sodium : 412 mg.

PILONS DE POULET AU MIEL
et au sésame (photo, p. 118)

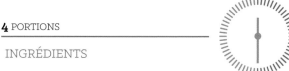

4 PORTIONS

INGRÉDIENTS

¼ t	miel liquide	60 ml
2 c. à tab	graines de sésame	30 ml
2 c. à tab	huile de sésame	30 ml
2 c. à tab	sauce soja réduite en sel	30 ml
4	gousses d'ail hachées finement	4
2 lb	pilons de poulet	1 kg

PRÉPARATION

1. Dans un grand bol, à l'aide d'un fouet, mélanger le miel, les graines de sésame, l'huile de sésame, la sauce soja et l'ail. Éponger les pilons de poulet avec des essuie-tout, les ajouter au mélange de miel et les retourner pour bien les enrober.

2. Mettre les pilons de poulet sur une plaque de cuisson tapissée de papier-parchemin. Cuire au four préchauffé à 400°F (200°C) pendant environ 25 minutes ou jusqu'à ce que le jus qui s'écoule des pilons soit clair lorsqu'on les pique avec une fourchette dans la partie la plus charnue (retourner les pilons de temps à autre).

PAR PORTION : cal. : 377 ; prot. : 25 g ; m.g. : 23 g (5 g sat.) ; chol. : 100 mg ; gluc. : 18 g ; fibres : 1 g ; sodium : 365 mg.

ASTUCE

Il peut être difficile de déterminer si les morceaux de poulet à chair brune sont cuits ou non, surtout pour la chair près des os. Pour vérifier, piquer un couteau pointu et aiguisé dans la partie la plus charnue de la cuisse ou du pilon. Ils sont prêts lorsque le jus qui s'en écoule est clair et incolore. S'il est brouillé ou rosé, il faut poursuivre la cuisson.

SOUPE AUX TOMATES à la mexicaine

4 PORTIONS

INGRÉDIENTS

1 c. à tab + 1 c. à thé	huile d'olive	20 ml
1	oignon coupé en dés	1
3	gousses d'ail hachées finement	3
1	piment chili frais (de type jalapeño), épépiné et coupé en tranches fines	1
¾ c. à thé	cumin moulu	4 ml
¾ c. à thé	origan séché	4 ml
½ c. à thé	sel	2 ml
½ c. à thé	coriandre moulue	2 ml
½ c. à thé	poivre noir du moulin	2 ml
4 t	tomates épépinées et coupées en dés (environ 4 grosses tomates)	1 L
3 t	eau	750 ml
2 t	bouillon de légumes réduit en sel	500 ml
2	tortillas de maïs souples	2
1	avocat coupé en cubes	1
2	radis coupés en tranches fines	2
2 c. à tab	coriandre fraîche, hachée	30 ml
4	quartiers de lime	4

PRÉPARATION

1. Dans une grande casserole, chauffer 1 c. à tab (15 ml) de l'huile à feu moyen. Ajouter l'oignon, l'ail et le piment chili et cuire, en brassant de temps à autre, pendant 3 minutes. Ajouter le cumin, l'origan, le sel, la coriandre moulue et le poivre et cuire, en brassant, pendant 1 minute. Ajouter les tomates, l'eau et le bouillon et mélanger. Porter à ébullition, réduire le feu et laisser mijoter pendant 15 minutes.

2. Entre-temps, couper les tortillas en lanières de ½ po (1 cm) de largeur. Sur une plaque de cuisson, mélanger les lanières de tortillas avec le reste de l'huile. Cuire au four préchauffé à 425°F (220°C) de 6 à 8 minutes ou jusqu'à ce que les tortillas soient dorées et croustillantes (les retourner à la mi-cuisson). Servir la soupe garnie de l'avocat, des radis, de la coriandre fraîche et des lanières de tortillas, avec les quartiers de lime.

PAR PORTION : cal. : 202 ; prot. : 5 g ; m.g. : 13 g (2 g sat.) ; chol. : 2 mg ; gluc. : 23 g ; fibres : 7 g ; sodium : 693 mg.

PETITS PAINS DE VIANDE AU DINDON
et pommes de terre aux fines herbes

4 PORTIONS

INGRÉDIENTS

3 c. à thé	huile d'olive	15 ml
1	poivron rouge haché finement	1
2	gousses d'ail hachées finement	2
1 c. à tab	mélange de fines herbes séchées à l'italienne	15 ml
½ c. à thé	sel	2 ml
½ c. à thé	poivre noir du moulin	2 ml
2 t	petites feuilles d'épinards tassées, hachées	500 ml
1 lb	dindon haché maigre	500 g
½ t	flocons d'avoine à cuisson rapide (non instantané)	125 ml
½ t	coulis de tomates (de type passata)	125 ml
1 c. à tab	vinaigre de cidre	15 ml
2 c. à thé	miel liquide	10 ml
3	grosses pommes de terre rouges, brossées et coupées en morceaux de ½ po (1 cm)	3
½ t	eau	125 ml

PRÉPARATION

1. Dans un poêlon, chauffer 1 c. à thé (5 ml) de l'huile à feu moyen. Ajouter le poivron, l'ail, la moitié du mélange de fines herbes et une pincée du sel et du poivre. Cuire, en brassant souvent, pendant 4 minutes. Ajouter les épinards et cuire pendant 2 minutes ou jusqu'à ce que le liquide se soit évaporé. Mettre dans un bol et laisser refroidir légèrement.

2. Ajouter le dindon et les flocons d'avoine à la préparation de poivron et mélanger. Façonner la préparation de dindon en huit grosses boulettes et les mettre dans des moules à muffins vaporisés d'enduit végétal antiadhésif. Dans un bol, mélanger le coulis de tomates, le vinaigre et le miel. Arroser les boulettes de dindon de cette sauce. Cuire au four préchauffé à 400°F (200°C) pendant environ 12 minutes ou jusqu'à ce que les boulettes aient perdu leur teinte rosée à l'intérieur. Poursuivre la cuisson sous le gril préchauffé du four pendant environ 2 minutes ou jusqu'à ce que la sauce sur les boulettes ait épaissi.

3. Entre-temps, dans un poêlon à surface antiadhésive, chauffer le reste de l'huile à feu moyen-vif. Ajouter les pommes de terre et le reste du mélange de fines herbes, du sel et du poivre et cuire, en brassant, pendant 5 minutes ou jusqu'à ce que les pommes de terre soient légèrement dorées. Ajouter l'eau, réduire le feu, couvrir et laisser mijoter pendant 5 minutes ou jusqu'à ce que l'eau se soit évaporée. Poursuivre la cuisson à découvert, en brassant, pendant 5 minutes ou jusqu'à ce que les pommes de terre soient tendres. Servir les boulettes de dindon avec les pommes de terre.

PAR PORTION : cal.: 404 ; prot.: 26 g ; m.g.: 14 g (3 g sat.) ; chol.: 89 mg ; gluc.: 44 g ; fibres : 5 g ; sodium : 474 mg.

CARI DE POULET ET DE PATATE DOUCE

On peut utiliser un cari plus ou moins fort selon la sensibilité de notre palais.
On servira ce plat avec du pain naan chaud et des quartiers de lime.

4 PORTIONS

INGRÉDIENTS

2 c. à thé	huile végétale	10 ml
1 lb	hauts de cuisses de poulet désossés, coupés en morceaux de ¾ po (2 cm)	500 g
1	oignon coupé en dés	1
2 c. à thé	cari	10 ml
¼ c. à thé	sel	1 ml
¼ c. à thé	poivre noir du moulin	1 ml
1 ½ t	bouillon de poulet réduit en sel	375 ml
1	patate douce ou pomme de terre blanche, pelée et coupée en morceaux de ¾ po (2 cm)	1
1	poivron rouge coupé en morceaux de ¾ po (2 cm)	1
2	tomates épépinées et coupées en dés	2
1 c. à tab	pâte de tomates	15 ml
1 c. à tab	jus de lime	15 ml
¼ t	coriandre fraîche, hachée	60 ml

PRÉPARATION

1. Dans une grande casserole, chauffer l'huile à feu moyen-vif. Ajouter le poulet et le faire dorer pendant environ 5 minutes. À l'aide d'une écumoire, mettre le poulet dans une assiette.

2. Dans la casserole, ajouter l'oignon, le cari, le sel et le poivre et cuire, en brassant, pendant 1 minute. Ajouter le bouillon, la patate douce et le poulet et porter à ébullition en raclant le fond de la casserole pour en détacher les particules. Réduire le feu, couvrir partiellement et laisser mijoter, en brassant de temps à autre, pendant 6 minutes.

3. Ajouter le poivron et les tomates à la préparation de poulet, couvrir partiellement et cuire, en brassant de temps à autre, pendant 3 minutes. Incorporer la pâte de tomates et le jus de lime et poursuivre la cuisson, en brassant, pendant environ 2 minutes ou jusqu'à ce que le cari ait épaissi. Parsemer de la coriandre.

PAR PORTION : cal. : 261 ; prot. : 25 g ; m.g. : 9 g (2 g sat.) ; chol. : 94 mg ; gluc. : 21 g ; fibres : 4 g ; sodium : 495 mg.

AILES DE POULET AU PARMESAN

4 PORTIONS

INGRÉDIENTS

¼ t	beurre fondu	60 ml
¼ t	moutarde de Dijon	60 ml
2 lb	ailes de poulet coupées en deux	1 kg
1 ½ t	parmesan râpé	375 ml
½ t	chapelure nature	125 ml
1 c. à thé	romarin frais, haché	5 ml
½ c. à thé	poivre noir du moulin	2 ml

PRÉPARATION

1. Dans un grand bol, à l'aide d'un fouet, mélanger le beurre et la moutarde. Ajouter les ailes de poulet, le parmesan, la chapelure, le romarin et le poivre. Mélanger pour bien enrober le poulet.

2. Étendre les ailes sur une plaque de cuisson tapissée de papier-parchemin. Cuire au four préchauffé à 425°F (220°C) pendant environ 25 minutes ou jusqu'à ce que le jus qui s'écoule du poulet lorsqu'on le pique à la fourchette soit clair (retourner les ailes à la mi-cuisson).

PAR PORTION : cal. : 429 ; prot. : 31 g ; m.g. : 31 g (12 g sat.) ; chol. : 124 mg ; gluc. : 6 g ; fibres : 1 g ; sodium : 543 mg.

ACCOMPAGNEMENT EXPRESS — 4 PORTIONS

Salade de chou, de concombre et de pomme

Dans un grand bol, mélanger le jus et le zeste de 1 lime, 1 c. à tab (15 ml) de miel liquide et 2 c. à tab (30 ml) d'huile d'arachide. Ajouter 2 t (500 ml) de chou chinois haché, 1 t (250 ml) de concombre râpé et 1 pomme verte coupée en julienne. Saler, poivrer et mélanger.

FILETS DE PORC,
sauce à l'oignon rouge

4 PORTIONS

INGRÉDIENTS

1 lb	filets de porc	500 g
3 c. à thé	huile d'olive	15 ml
2 c. à thé	romarin frais, haché finement	10 ml
¼ c. à thé	sel	1 ml
¼ c. à thé	poivre noir du moulin	1 ml
1 c. à tab	beurre non salé	15 ml
1	gros oignon rouge, haché finement	1
1	feuille de laurier	1
1	gousse d'ail hachée finement	1
½ t	vin rouge	125 ml
1 c. à tab	farine	15 ml
1 t	bouillon de poulet réduit en sel	250 ml

PRÉPARATION

1. Frotter les filets de porc de 1 c. à thé (5 ml) de l'huile, du romarin, du sel et du poivre. Dans un grand poêlon, chauffer le reste de l'huile à feu moyen-vif. Ajouter les filets de porc et les faire dorer de tous les côtés pendant 4 minutes. Mettre les filets de porc sur une plaque de cuisson et cuire au four préchauffé à 425°F (220°C) de 10 à 15 minutes ou jusqu'à ce qu'ils soient encore légèrement rosés à l'intérieur. Mettre les filets de porc sur une planche à découper et les couvrir de papier d'aluminium, sans serrer.

2. Entre-temps, dans le poêlon, faire fondre le beurre à feu moyen-doux. Ajouter l'oignon et la feuille de laurier, couvrir et cuire, en brassant de temps à autre, pendant 12 minutes. Ajouter l'ail et cuire pendant 2 minutes ou jusqu'à ce que l'oignon soit caramélisé.

3. Verser le vin dans le poêlon. Augmenter à feu moyen-vif et cuire, en raclant le fond du poêlon pour en détacher les particules, jusqu'à ce qu'il ait réduit environ de moitié. Saupoudrer de la farine et cuire, en brassant, pendant 1 minute. À l'aide d'un fouet, ajouter le bouillon et porter à ébullition. Réduire le feu et laisser mijoter pendant 2 minutes ou jusqu'à ce que la sauce ait épaissi (retirer la feuille de laurier). Couper les filets de porc en tranches. Servir avec la sauce.

PAR PORTION : cal. : 247 ; prot. : 27 g ; m.g. : 9 g (3 g sat.) ; chol. : 69 mg ; gluc. : 11 g ; fibres : 2 g ; sodium : 347 mg.

ASTUCE

Des pommes de terre ou des légumes-racines rôtis feront un excellent accompagnement. Pour les rôtir, les étaler sur une plaque de cuisson et les mettre au four 15 minutes avant de commencer la recette, puis déposer les filets de porc à côté des légumes au moment de les enfourner.

FILETS DE PORC GLACÉS
au miso

8 PORTIONS

INGRÉDIENTS

¼ t	miso rouge ou jaune	60 ml
¼ t	miel liquide	60 ml
2	gousses d'ail hachées finement	2
2 c. à thé	vinaigre de riz	10 ml
1 c. à thé	huile de sésame	5 ml
1 t	eau	250 ml
2 lb	filets de porc	1 kg
4 c. à thé	huile végétale	20 ml
	poivre noir du moulin	

PRÉPARATION

1. Dans une petite casserole, mélanger le miso, le miel, l'ail, le vinaigre de riz, l'huile de sésame et l'eau et porter à ébullition. Réduire le feu et laisser mijoter pendant 10 minutes ou jusqu'à ce que la sauce ait réduit à environ ⅔ t (160 ml).

2. Entre-temps, poivrer les filets de porc. Dans un grand poêlon allant au four, chauffer l'huile végétale à feu moyen-vif. Ajouter les filets et les faire dorer de tous les côtés pendant 4 minutes.

3. Badigeonner les filets de porc de 2 c. à tab (30 ml) de la sauce réduite (réserver le reste de la sauce). Poursuivre la cuisson au four préchauffé à 425°F (220°C) de 10 à 15 minutes ou jusqu'à ce que les filets soient encore légèrement rosés à l'intérieur. Mettre les filets sur une planche à découper et les couvrir de papier d'aluminium, sans serrer. Laisser reposer pendant 5 minutes, puis couper les filets de porc en tranches. Servir le porc nappé de la sauce réservée.

PAR PORTION : cal. : 203 ; prot. : 26 g ; m.g. : 6 g (1 g sat.) ; chol. : 61 mg ; gluc. : 12 g ; fibres : 1 g ; sodium : 372 mg.

ACCOMPAGNEMENT EXPRESS – 4 PORTIONS

Salade de carottes et de petits pois

Dans un grand bol, mélanger ¼ t (60 ml) de vinaigre de riz, 2 c. à tab (30 ml) de sirop d'érable et 1 c. à tab (15 ml) d'huile de sésame. Ajouter 4 t (1 L) de carottes râpées, 2 t (500 ml) de petits pois cuits et refroidis, et ½ t (125 ml) d'oignons verts hachés. Saler, poivrer et mélanger.

CÔTELETTES DE VEAU POÊLÉES
à la compote d'oignons

4 PORTIONS

INGRÉDIENTS

4	côtelettes de veau, le gras enlevé (environ 1 ½ lb/750 g en tout)	4
2 c. à tab	huile végétale	30 ml
2 t	oignons doux (de type Vidalia) coupés en tranches fines	500 ml
3	gousses d'ail hachées finement	3
1 c. à thé	romarin séché	5 ml
1 t	bouillon de bœuf réduit en sel	250 ml
¼ t	vinaigre de vin blanc	60 ml
1 c. à thé	fécule de maïs	5 ml
2 c. à thé	eau	10 ml
	sel et poivre noir du moulin	

PRÉPARATION

1. Saler et poivrer les côtelettes de veau. Dans un grand poêlon, chauffer 1 c. à tab (15 ml) de l'huile à feu moyen-vif. Ajouter les côtelettes et cuire pendant environ 6 minutes pour une viande mi-saignante ou jusqu'au degré de cuisson désiré (les retourner à la mi-cuisson). Mettre les côtelettes dans une assiette, couvrir et réserver au chaud.

2. Dégraisser le poêlon et chauffer le reste de l'huile à feu moyen. Ajouter les oignons, l'ail et le romarin. Saler, poivrer et cuire, en brassant de temps à autre, pendant 5 minutes ou jusqu'à ce que les oignons aient ramolli. Ajouter le bouillon et le vinaigre et porter à ébullition en raclant le fond du poêlon pour en détacher les particules. Laisser bouillir pendant environ 3 minutes ou jusqu'à ce que le liquide ait légèrement réduit.

3. Dans un petit bol, à l'aide d'un fouet, mélanger la fécule de maïs et l'eau. Incorporer ce mélange à la préparation d'oignons en fouettant et laisser bouillir pendant environ 1 minute ou jusqu'à ce que la compote ait épaissi. Servir les côtelettes de veau réservées garnies de la compote d'oignons.

PAR PORTION : cal. : 290 ; prot. : 30 g ; m.g. : 15 g (3 g sat.) ; chol. : 105 mg ; gluc. : 7 g ; fibres : 1 g ; sodium : 485 mg.

TACOS AU BIFTECK
et aux poivrons

4 PORTIONS

INGRÉDIENTS

1 lb	biffteck de flanc coupé en tranches fines	500 g
2 c. à tab	jus de lime	30 ml
1 c. à tab	vinaigre blanc	15 ml
2 c. à thé	cumin moulu	10 ml
2 c. à thé	assaisonnement au chili	10 ml
1 ½ c. à thé	origan séché	7 ml
1 c. à thé	paprika fumé	5 ml
¾ c. à thé	sel	4 ml
¾ c. à thé	poivre noir du moulin	4 ml
1 c. à tab	huile végétale	15 ml
1	oignon doux (de type Vidalia) coupé en tranches	1
1	poivron vert coupé en lanières	1
1	poivron rouge coupé en lanières	1
¾ t	maïs en grains surgelé	180 ml
8	petites tortillas de farine blanche	8
1 t	laitue iceberg hachée	250 ml
1 t	tomate épépinée et hachée	250 ml
⅔ t	fromage Monterey Jack ou cheddar râpé	160 ml

PRÉPARATION

1. Dans un grand bol, mélanger le biffteck, le jus de lime, le vinaigre, le cumin, l'assaisonnement au chili, l'origan, le paprika et ½ c. à thé (2 ml) chacun du sel et du poivre. Laisser reposer pendant 5 minutes.

2. Dans un grand poêlon à fond épais ou à surface antiadhésive, chauffer l'huile à feu moyen-vif. Ajouter le biffteck, en deux fois, et le faire dorer de 3 à 5 minutes. À l'aide d'une écumoire, mettre le biffteck dans une assiette. Réserver.

3. Dans le poêlon, ajouter l'oignon, les poivrons et le reste du sel et du poivre et cuire à feu moyen, en brassant souvent, pendant environ 7 minutes ou jusqu'à ce qu'ils soient tendres. Ajouter le maïs et cuire jusqu'à ce qu'il soit chaud. Répartir le biffteck réservé et les légumes sur les tortillas. Garnir de la laitue, de la tomate et du fromage. Plier les tortillas en deux sur la garniture.

PAR PORTION : cal. : 585 ; prot. : 38 g ; m.g. : 24 g (9 g sat.) ; chol. : 70 mg ; gluc. : 56 g ; fibres : 6 g ; sodium : 936 mg.

BOULETTES DE BŒUF
en sauce crémeuse

Si on a le temps, on peut réfrigérer les boulettes pendant 10 minutes
avant la cuisson : elles se tiendront mieux.

4 PORTIONS

INGRÉDIENTS

½ t	mie de pain frais, émiettée	125 ml
1	oignon râpé	1
1	œuf	1
½ c. à thé	sel	2 ml
½ c. à thé	poivre noir du moulin	2 ml
¼ c. à thé	piment de la Jamaïque moulu	1 ml
1 lb	bœuf haché maigre ou mi-maigre	500 g
1 c. à tab	huile végétale	15 ml
3 c. à tab	farine	45 ml
1 ½ t	bouillon de bœuf réduit en sel	375 ml
½ t	eau	125 ml
½ t	petits pois surgelés	125 ml
¼ t	crème à 35 % ou à 10 %	60 ml
4 t	nouilles aux œufs sans cholestérol (de type No Yolks)	1 L

PRÉPARATION

1. Dans un grand bol, mélanger la mie de pain,
l'oignon, l'œuf, le sel, le poivre et le piment de
la Jamaïque. Ajouter le bœuf haché et mélanger.
Façonner la préparation en 20 boulettes. Dans
un grand poêlon à surface antiadhésive, chauffer
l'huile à feu moyen-vif. Ajouter les boulettes
de bœuf et cuire pendant environ 10 minutes ou
jusqu'à ce qu'elles aient perdu leur teinte rosée
à l'intérieur (les retourner de temps à autre).
Réserver les boulettes dans une assiette.

2. Retirer le gras du poêlon, sauf 2 c. à tab (30 ml).
À l'aide d'un fouet, ajouter la farine et cuire à feu
moyen, en fouettant sans arrêt, pendant
1 minute. Ajouter le bouillon et l'eau en fouettant.
Porter à ébullition, réduire le feu et laisser mijoter
pendant 3 minutes. Ajouter les boulettes
réservées et cuire pendant environ 3 minutes
ou jusqu'à ce que la sauce ait épaissi. Ajouter
les petits pois et la crème et laisser mijoter
pendant 1 minute.

3. Entre-temps, dans une grande casserole d'eau
bouillante salée, cuire les nouilles jusqu'à ce
qu'elles soient al dente. Égoutter. Servir les
boulettes sur les nouilles.

PAR PORTION : cal. : 540 ; prot. : 33 g ; m.g. : 26 g (10 g sat.) ;
chol. : 134 mg ; gluc. : 41 g ; fibres : 4 g ; sodium : 765 mg.

BURRITOS AU BŒUF HACHÉ
et aux haricots

Garnir ce petit régal mexicain d'une cuillerée de crème sure et d'une salsa au choix.

4 PORTIONS

INGRÉDIENTS

2 c. à thé	huile d'olive	10 ml
1	oignon haché	1
1	piment chili frais (de type jalapeño), épépiné et haché finement	1
½ lb	bœuf haché extramaigre	250 g
1	gousse d'ail hachée finement	1
½ c. à thé	cumin moulu	2 ml
¼ c. à thé	poivre noir du moulin	1 ml
1 t	haricots rouges en conserve, égouttés et rincés	250 ml
1	tomate épépinée et coupée en dés	1
1	boîte de haricots pinto, égouttés et rincés (19 oz/540 ml)	1
2 c. à tab	eau	30 ml
4	grandes tortillas de farine de blé entier	4
2 t	petites feuilles d'épinards légèrement tassées	500 ml
1 t	fromage Monterey Jack ou cheddar râpé	250 ml

PRÉPARATION

1. Dans un grand poêlon à surface antiadhésive, chauffer l'huile à feu moyen-vif. Ajouter l'oignon et le piment chili et cuire pendant environ 6 minutes ou jusqu'à ce qu'ils soient dorés. Ajouter le bœuf haché, l'ail, le cumin et le poivre et cuire, en défaisant le bœuf à l'aide d'une cuillère de bois, pendant environ 5 minutes ou jusqu'à ce qu'il ait perdu sa teinte rosée. Ajouter les haricots rouges et la tomate et cuire, en brassant, pendant 2 minutes.

2. Entre-temps, dans un bol, écraser les haricots pinto avec l'eau. Étendre cette purée sur les tortillas, puis couvrir des épinards et du fromage. Mettre la garniture au bœuf haché au centre. Rabattre les côtés des tortillas sur la garniture, puis plier les extrémités de manière à bien couvrir la garniture. Déposer les burritos, l'ouverture dessous, sur une plaque de cuisson munie de rebords. Cuire au four préchauffé à 400°F (200°C) pendant environ 7 minutes ou jusqu'à ce qu'ils soient dorés.

PAR PORTION : cal. : 560 ; prot. : 34 g ; m.g. : 21 g (9 g sat.) ; chol. : 56 mg ; gluc. : 59 g ; fibres : 13 g ; sodium : 1084 mg.

ASTUCE

Pour que les burritos soient plus croustillants, les badigeonner très légèrement d'huile avant de les mettre au four.

FILETS MIGNONS AU GINGEMBRE
sur purée de pommes de terre au kimchi

Le kimchi est un condiment coréen à base de chou fermenté et épicé (on le trouve en conserve ou en pot dans les épiceries asiatiques). Il donnera du punch à notre purée.

4 PORTIONS

INGRÉDIENTS

22 oz	pommes de terre à chair jaune (de type Yukon Gold) non pelées, coupées en cubes	680 g
½ t	lait (ou crème à 10 %) chaud	125 ml
3 c. à tab	beurre	45 ml
½ t	kimchi égoutté et haché finement	125 ml
2 c. à tab	sauce soja réduite en sel	30 ml
1 c. à tab	gingembre frais, râpé	15 ml
1 c. à thé	sucre	5 ml
1 c. à thé	huile de sésame	5 ml
2	oignons verts hachés	2
4	biftecks de filet mignon (environ 1 ½ lb/750 g en tout)	4
1 c. à thé	huile végétale	5 ml

PRÉPARATION

1. Dans une casserole d'eau bouillante salée, cuire les pommes de terre pendant environ 10 minutes ou jusqu'à ce qu'elles soient tendres. Les égoutter, les remettre dans la casserole et les assécher à feu doux, en secouant la casserole, pendant 1 minute. À l'aide d'un presse-purée, réduire les pommes de terre en purée lisse avec le lait et le beurre. Incorporer le kimchi et réserver au chaud.

2. Entre-temps, dans un plat en verre peu profond, mélanger la sauce soja, le gingembre, le sucre, l'huile de sésame et les oignons verts. Ajouter les biftecks et les retourner pour bien les enrober. Laisser mariner pendant 10 minutes.

3. Retirer les biftecks de la marinade et les éponger avec des essuie-tout (jeter la marinade). Dans un poêlon à surface antiadhésive, chauffer l'huile végétale à feu moyen-vif. Ajouter les biftecks et cuire pendant environ 8 minutes pour une viande mi-saignante ou jusqu'au degré de cuisson désiré (les retourner à la mi-cuisson). Servir les biftecks sur la purée de pommes de terre réservée.

PAR PORTION : cal. : 461 ; prot. : 39 g ; m.g. : 20 g (11 g sat.) ; chol. : 111 mg ; gluc. : 27 g ; fibres : 3 g ; sodium : 764 mg.

BROCHETTES DE SAUMON À L'ORIENTALE
et bok choys sautés

4 PORTIONS

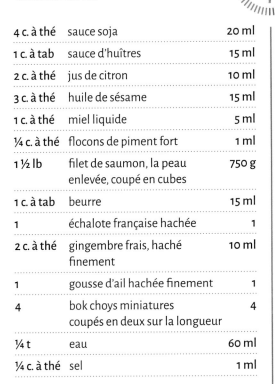

INGRÉDIENTS

4 c. à thé	sauce soja	20 ml
1 c. à tab	sauce d'huîtres	15 ml
2 c. à thé	jus de citron	10 ml
3 c. à thé	huile de sésame	15 ml
1 c. à thé	miel liquide	5 ml
¼ c. à thé	flocons de piment fort	1 ml
1 ½ lb	filet de saumon, la peau enlevée, coupé en cubes	750 g
1 c. à tab	beurre	15 ml
1	échalote française hachée	1
2 c. à thé	gingembre frais, haché finement	10 ml
1	gousse d'ail hachée finement	1
4	bok choys miniatures coupés en deux sur la longueur	4
¼ t	eau	60 ml
¼ c. à thé	sel	1 ml

PRÉPARATION

1. Dans un bol, mélanger la sauce soja, la sauce d'huîtres, le jus de citron, 2 c. à thé (10 ml) de l'huile, le miel et les flocons de piment fort. Ajouter les cubes de saumon et mélanger pour bien les enrober. Laisser reposer pendant 10 minutes. Retirer les cubes de saumon de la marinade (jeter la marinade). Sur des brochettes de métal ou de bois préalablement trempées dans l'eau, enfiler les cubes de saumon.

2. Déposer les brochettes de saumon sur une grille placée sur une plaque de cuisson tapissée de papier d'aluminium. Cuire sous le gril préchauffé du four pendant 10 minutes ou jusqu'à ce que la chair du saumon se défasse facilement à la fourchette (retourner les brochettes à la mi-cuisson).

3. Entre-temps, dans un poêlon, faire fondre le beurre à feu moyen-vif. Ajouter l'échalote, le gingembre et l'ail et cuire, en brassant, pendant 1 minute. Ajouter les bok choys, l'eau et le sel, couvrir et cuire pendant 2 minutes. Poursuivre la cuisson à découvert de 2 à 3 minutes ou jusqu'à ce que les bok choys soient tendres mais encore légèrement croquants. Arroser du reste de l'huile de sésame.

PAR PORTION : cal. : 338 ; prot. : 31 g ; m.g. : 22 g (6 g sat.) ; chol. : 91 mg ; gluc. : 4 g ; fibres : 1 g ; sodium : 483 mg.

CHAUDRÉE DE LA MER
et feuilletés express

4 PORTIONS

INGRÉDIENTS

½	paquet de pâte feuilletée préroulée, surgelée, décongelée (½ paquet de 450 g)	½
1	œuf battu	1
2 c. à tab	beurre	30 ml
1	poireau coupé en tranches fines, les parties blanche et vert pâle seulement	1
2 c. à tab	farine	30 ml
1 t	bouillon de poulet réduit en sel	250 ml
½ t	jus de palourde	125 ml
½ t	crème à 10 %	125 ml
1 lb	grosses crevettes, décortiquées et déveinées (31 à 35 crevettes par lb/500 g)	500 g
10 oz	filets de morue ou autre poisson à chair blanche, coupés en morceaux de 1 po (2,5 cm)	300 g
1 c. à tab	estragon frais, haché ou	15 ml
½ c. à thé	estragon séché	2 ml
½ c. à thé	zeste de citron râpé	2 ml
2 c. à tab	jus de citron	30 ml
¼ c. à thé	poivre noir du moulin	1 ml

PRÉPARATION

1. À l'aide d'un couteau bien aiguisé, couper la pâte feuilletée en quatre carrés. Couper ensuite chaque carré en deux sur la diagonale de manière à obtenir huit triangles. Mettre les triangles de pâte sur une plaque de cuisson tapissée de papier-parchemin et les badigeonner de l'œuf battu. Cuire au four préchauffé à 400°F (200°C) de 18 à 20 minutes ou jusqu'à ce que les triangles soient dorés et bien gonflés.

2. Entre-temps, dans une grande casserole, faire fondre le beurre à feu moyen. Ajouter le poireau et cuire, en brassant de temps à autre, pendant environ 4 minutes ou jusqu'à ce qu'il ait ramolli. Ajouter la farine et cuire, en brassant, pendant 1 minute. Verser le bouillon, le jus de palourde et la crème et poursuivre la cuisson, en brassant, de 2 à 3 minutes ou jusqu'à ce que la préparation ait légèrement épaissi.

3. Ajouter les crevettes, le poisson, l'estragon, le zeste et le jus de citron et le poivre, et cuire à feu moyen-vif de 5 à 6 minutes ou jusqu'à ce que les crevettes soient rosées et que la chair du poisson soit opaque. Répartir la soupe dans des bols et servir avec les feuilletés.

PAR PORTION : cal. : 561 ; prot. : 39 g ; m.g. : 31 g (9 g sat.) ; chol. : 234 mg ; gluc. : 31 g ; fibres : 1 g ; sodium : 574 mg.

RISOTTO AUX CREVETTES

4 PORTIONS

INGRÉDIENTS

PRÉPARATION

2 ½ t	bouillon de poulet réduit en sel	625 ml
1 ½ t	eau	375 ml
3 c. à thé	huile d'olive	15 ml
1 lb	grosses crevettes, décortiquées et déveinées (16 à 20 crevettes par lb/500 g)	500 g
1 ⅓ t	riz arborio	330 ml
½ t	petits pois surgelés	125 ml
2 oz	fromage crémeux à l'ail et aux fines herbes (de type Boursin)	60 g
1	pincée de poivre noir du moulin	1

1. Verser le bouillon et l'eau dans une petite casserole et porter à ébullition. Réserver à feu doux.

2. Entre-temps, dans un grand poêlon, chauffer 1 c. à thé (5 ml) de l'huile à feu moyen-vif. Ajouter les crevettes et cuire, en brassant, pendant environ 2 minutes ou jusqu'à ce qu'elles soient rosées. Réserver dans une assiette.

3. Dans le poêlon, ajouter le reste de l'huile et le riz et cuire, en brassant pour enrober les grains, pendant 1 minute. Ajouter le mélange de bouillon réservé, ½ t (125 ml) à la fois, en brassant après chaque addition jusqu'à ce qu'il ait été presque complètement absorbé avant de faire un autre ajout (cuire environ 20 minutes en tout ou jusqu'à ce que le risotto soit crémeux ; le riz doit être al dente). Ajouter les petits pois, le fromage, le poivre et les crevettes réservées et mélanger (au besoin, ajouter jusqu'à ¼ t/60 ml d'eau pour que le risotto soit crémeux). Réchauffer pendant 2 minutes.

PAR PORTION : cal. : 436 ; prot. : 25 g ; m.g. : 11 g (5 g sat.) ; chol. : 141 mg ; gluc. : 57 g ; fibres : 1 g ; sodium : 592 mg.

PIZZA AUX CREVETTES À LA THAÏE

Pour une touche croquante, garnir cette pizza originale
d'arachides rôties, hachées.

4 PORTIONS

INGRÉDIENTS

12 oz	pâte à pizza du commerce	375 g
¼ t	coulis de tomates (de type passata)	60 ml
¼ t	yogourt nature épais (de type balkan)	60 ml
2 c. à thé	pâte de cari rouge (de type thaï)	10 ml
¾ t	fromage fontina ou mozzarella râpé	180 ml
½	petit oignon rouge, coupé en tranches fines	½
½	poivron rouge coupé en tranches fines	½
½ t	fromage ricotta	125 ml
½ lb	crevettes moyennes, décortiquées et déveinées, épongées (41 à 50 crevettes par lb/500 g)	250 g
⅓ t	coriandre fraîche, hachée	80 ml

PRÉPARATION

1. Sur une surface légèrement farinée, abaisser ou presser la pâte en un cercle de 12 po (30 cm) de diamètre. Mettre la croûte sur une plaque à pizza huilée. Dans un bol, mélanger le coulis de tomates, le yogourt et la pâte de cari. Réserver ¼ t (60 ml) de cette sauce. Étendre le reste de la sauce sur la croûte. Garnir du fromage fontina, de l'oignon, du poivron et du fromage ricotta. Dans un bol, mélanger les crevettes avec la sauce réservée et les parsemer sur la pizza.

2. Cuire dans la partie inférieure du four préchauffé à 425°F (220°C) de 18 à 20 minutes ou jusqu'à ce que la pizza soit dorée et bouillonnante. Parsemer de la coriandre.

PAR PORTION : cal. : 448 ; prot. : 25 g ; m.g. : 19 g (9 g sat.) ; chol. : 108 mg ; gluc. : 45 g ; fibres : 3 g ; sodium : 691 mg.

VARIANTE

Pizza au poulet tandoori

Remplacer les crevettes par une poitrine de poulet cuite et effilochée et utiliser une pâte de cari tandoori (de type Patak's) à la place de la pâte de cari rouge thaïe.

Index

Ⓥ **Végétarien :** La recette est un plat principal qui ne contient aucune viande.

Ⓢ **Santé :** La recette répond aux critères suivants :
- plat principal : 10 g m.g. (4 g sat.) ou moins, 750 mg sodium ou moins;
- accompagnement : 5 g m.g. (2 g sat.) ou moins, 500 mg sodium ou moins.

CRÉDITS PHOTOGRAPHIQUES

Couverture avant :

Jodi Pudge

Styliste culinaire :
Claire Stubbs

Styliste accessoires :
Mandy Gyulay

Couverture arrière :

Jeff Coulson

Photographes

Ryan Brook :
51, 96

Jeff Coulson :
6, 7, 9, 10, 13, 16, 20, 25, 26, 30, 36, 39, 43, 44, 55, 56, 78, 86, 99, 104, 107, 111, 112, 118, 120, 123, 126, 129, 130, 133, 153, couverture arrière

Dana Dorobantu :
94

Yvonne Duivenvoorden :
62, 83, 88, 134, 137, 142, 149

Jœ Kim :
73, 90, 100, 108

Jim Norton :
77

Edward Pond :
19, 40, 67, 93, 115, 141, 150

Jodi Pudge :
Couverture avant, 35, 48, 61, 70, 89

Tango :
138

Monic Richard :
5

Stylistes culinaire

Stéphan Boucher :
138

Ashley Denton :
73, 90, 100, 115, 150

Anne Gagné :
94

David Grenier :
6, 104, 120, 123, 129

Adele Hagan :
25, 39

Lucie Richard :
35, 67, 86, 134, 142

Claire Stubbs :
Couverture avant, 10, 16, 20, 40, 44, 48, 55, 56, 61,62, 70, 77, 83, 89, 99, 107, 108, 112, 118, 130, 133, 141, 145, 149, 153

Melanie Stuparyk :
7, 9, 13, 26, 30, 36, 43, 51, 78, 96, 126

Noah Witenoff :
111

Nicole Young :
19, 93, 137

Stylistes accessoires

Laura Branson :
25, 39, 73, 96

Catherine Doherty :
35, 40, 44, 51, 55, 56, 62, 67, 86, 90, 100, 104, 115, 120, 129, 134, 137, 141, 142, 150, 153

Mandy Gyulay :
Couverture avant, 48, 61, 70, 142, 145

Madeleine Johari :
7, 9, 10, 13, 16, 19, 20, 26, 30, 36, 43, 77, 78, 83, 89, 93, 99, 107, 108, 112, 118, 126, 130, 133, 149

Caroline Simon :
94, 138

Test en cuisine

Canadian Living

Dans la même collection

Nos **225**
meilleures recettes
EXPRESS

COUP
de
POUCE

EN UN
SEUL PLAT

7 INGRÉDIENTS
OU MOINS

DIRECTEMENT
DU GARDE-
MANGER

COUP
de
POUCE

Cuisine
réconfortante
175 petits plats bons pour l'âme

Les Éditions
Transcontinental

COUP
de
POUCE

175 RECETTES-PLAISIR À
400 calories
(ou moins)

Les Éditions
Transcontinental

COUP
de
POUCE